CÓMO LEER LA BIBLIA

CÓMO LEER LA BIBLIA

Una guía sencilla para profundizar
tu intimidad con Dios

David Platt

La misión de Editorial Vida es ser la compañía líder en satisfacer las necesidades de las personas con recursos cuyo contenido glorifique al Señor Jesucristo y promueva principios bíblicos.

CÓMO LEER LA BIBLIA

501 Nelson Place, Nashville, Tennessee, 37214, Estados Unidos de América
Editorial Vida es un sello de HarperCollins Christian Publishing, Inc.

Este título también está disponible en formato electrónico.

Título en inglés: *How to Read the Bible*

Publicado en Nashville, Tennessee, por W Publishing, un sello de Thomas Nelson.
Thomas Nelson es una marca registrada de HarperCollins Christian Publishing, Inc.

HarperCollins Publishers, Macken House, 39/40 Mayor Street Upper, Dublin 1, D01 C9W8, Ireland (https://www.harpercollins.com).

Número de control de la Biblioteca del Congreso: 2026934746

Diseño interior adaptado por: *Deditorial*

ISBN: 978-0-82977-492-4
eBook: 978-0-82977-493-1
Audio: 978-0-82977-494-8

CATEGORÍA: RELIGIÓN / Estudios bíblicos / Guías de estudio bíblico
IMPRESO EN ESTADOS UNIDOS DE AMÉRICA
26 27 28 29 30 LBC 5 4 3 2 1

Para Jim Shaddix,
quien me enseñó a amar al Autor de todo
y a temer la autoridad de las Escrituras.

Contenido

Introducción: Enamorarse ix

Capítulo 1: ¿Por qué leer la Biblia? 1
Capítulo 2: ¿Cómo NO leer la Biblia? 17
Capítulo 3: Medita y memoriza (Parte 1) 31
Capítulo 4: Medita y memoriza (Parte 2) 49
Capítulo 5: Aplica lo aprendido 63
Capítulo 6: Pide en oración 77
Capítulo 7: Anuncia su Palabra 91

Conclusión: Un amor por el que vale la pena vivir 103

Apéndice: Consejos prácticos para leer diferentes partes de la Biblia 111

Agradecimientos 139

INTRODUCCIÓN

Enamorarse

Cuando escribes un libro, se supone que debes empezar por establecer tu credibilidad ante el lector. A partir de ese conocimiento, voy a arriesgarme a contarte algo que podría hacerte dudar de mi credibilidad para escribir este libro. Allá voy...

En la secundaria yo era bastante torpe para sociabilizar (¡y algunos podrían decir que ese rasgo persiste hoy en día!). No había tenido ninguna cita hasta que apareció una chica que, de alguna manera, se sintió atraída por mi torpeza social. Pero existía un problema: ella era un año mayor que yo, lo que significaba que pronto se graduaría e iría a la universidad, dejándome solo en la secundaria sin la única chica que se había interesado por mí en toda mi vida.

Cuando ella se mudó, decidí escribirle una carta (esto fue antes de que existieran los mensajes de texto y el correo electrónico). Años después, tuve la mala idea de volver a leerla, y entonces no pude creer lo que había escrito.

A continuación, te muestro lo que decía esa carta (con algunos comentarios intercalados entre corchetes, que fueron surgiendo mientras recordaba mi adolescencia):

Querida Heather:

¡Nena, me alegra mucho que hayas llamado esta noche!

[¡¿Nena?! ¿Qué clase de comienzo es ese? Cuando le escribes una carta así a una chica, analizas cada palabra minuciosamente. No tengo ni idea de qué me llevó a pensar que la primera palabra que debía escribir era «nena». Al parecer, acabábamos de hablar, así que continué...].

He querido llamarte el jueves, viernes, sábado, domingo y hoy, pero me imaginé que estabas demasiado ocupada.

[¡No se supone que digas eso! Se supone que debas decir que *tú* eres el que ha estado muy ocupado. Al parecer, yo no lo estaba].

Cuando escuché tu voz, fue tan increíble que no puedo explicarte cómo me sentí. Sonabas tan increíble...

[¿No es esto lo más lamentable que has leído? La cosa empeoró aún más en las tres páginas siguientes, pero iré dircoto al final...].

Nena, no estoy gastando tinta al decir esto.

[¿«Nena» otra vez? ¿Y «no estoy gastando tinta»? ¿Se notaba a lo lejos que nunca había tenido una novia?].

Mi vida no es la misma sin ti, y te echo mucho de menos para hablar y pasar tiempo contigo. Te echo de menos con locura.

[«Con locura». ¿En serio?].

Estoy orando por ti, nena.

[Para los que llevan la cuenta, son tres menciones de «nena» en pocas líneas].

En Cristo,

[No le eches la culpa a él].

David

Ojalá esta carta fuera un invento, pero no lo es. Me había olvidado por completo de que la había escrito (algunos recuerdos están destinados a ser olvidados), y la única razón por la cual la conservo es porque Heather, esa chica que ahora es mi esposa, la guardó durante muchos años y me la regaló en uno de nuestros aniversarios de boda. Con lágrimas en los ojos, Heather me agradeció por haberla cortejado y amado antes y después de casarnos. Estas palabras, que a todos los demás les pueden parecer absurdas, para ella son invaluables porque reflejan la relación íntima que tenemos.

Ahora bien, inicio el libro mostrando esta carta porque quiero que experimentes intimidad en tu relación con Dios a través de sus palabras. Dios te ha creado para experimentar la vida eterna en una relación de amor con él al escuchar su Palabra, creerla, confiar en ella y obedecerla.

Sin embargo, el problema es que todos hemos pecado contra él, lo que significa que nos hemos apartado de su Palabra. El pecado ha traído quebrantamiento a nuestro ser y al mundo que nos rodea. Pero Dios nos ama tanto que vino a nosotros en la persona de su Hijo Jesús para morir en la cruz por nuestros pecados. Luego resucitó de entre los muertos en victoria sobre el pecado para que cualquiera, dondequiera que esté, que se aparte de su pecado y confíe en Jesús sea perdonado y restaurado por completo a una relación correcta con Dios para siempre. Si nunca has puesto tu fe en Jesús para comenzar esta relación con Dios, te invito a hacerlo hoy.

Tu visión de la Biblia cambia por completo cuando te das cuenta de que es una revelación del amor de Dios hacia ti. Las personas que no conocen a Dios pueden referirse a la Biblia como un texto anticuado o absurdo. Lamentablemente, incluso muchas personas que se llaman cristianas a veces consideran la Palabra de Dios aburrida y difícil de entender, o creen que no merece la pena dedicar tiempo a leerla. Piensan que su lectura es algo que *se supone* que deban hacer, no algo que les traiga *deleite* y los llene de *gozo.* Pero para aquellos de nosotros que seguimos a Jesús, esa no es la manera correcta de acercarnos a la Palabra de Dios.

Mi objetivo en las siguientes páginas es mostrarte cómo la Biblia constituye un tesoro invaluable que revela el interés y el amor de Dios por ti. Mucho más de lo que un chico y una chica de secundaria podrían deleitarse con las palabras del otro, tu alma está diseñada para deleitarse con la Palabra de tu Creador. Quiero mostrarte cómo experimentar ese deleite, la emoción indescriptible y sobrenatural de escuchar a Dios hablarte personalmente. En definitiva, quiero ayudarte a leer, estudiar y comprender la Biblia de tal manera que te enamores más de su Autor cada día.

Comenzaremos abordando algunas de las razones más comunes por las que muchas personas *no estudian* la Palabra de Dios y veremos por qué la necesitamos más que cualquier otra cosa en este mundo. Después de considerar algunos enfoques peligrosos para estudiar las Escrituras, repasaremos una guía confiable y sencilla de cuatro pasos para estudiar la Palabra de Dios que puedes poner en práctica a diario. También he incluido un apéndice con algunos principios para estudiar diferentes partes de la Biblia. Al seguir estos cuatro pasos con la ayuda del Espíritu de Dios, tu vida cambiará por completo mientras experimentas la admiración, la maravilla, la belleza, la majestuosidad y la intimidad de una relación de amor con Dios mismo.

ORACIÓN

Dios, por favor, ayúdame a experimentar la intimidad contigo a través de tu Palabra.

CAPÍTULO 1

¿Por qué leer la Biblia?

¿Por qué tantos cristianos profesantes nunca aprenden a estudiar la Biblia? Siempre que hablo sobre el estudio de la Palabra de Dios, innumerables personas se me acercan y me dicen algo como: «He sido cristiano durante [cinco, diez, quince, veinte o más] años y nunca he aprendido a leer, estudiar ni comprender la Biblia». Luego exponen diversas razones, generalmente como las que enumero a continuación:

1. «No entiendo cómo se aplica la Biblia a mi vida».

Muchos cristianos dudarían en decir esto en voz alta, pero en el fondo consideran que la Biblia es arcaica e irrelevante para la vida en el siglo veintiuno. En realidad, creo que probablemente todos hemos tenido esta sensación en algún momento al leer libros como Levítico o Ezequiel e intentar comprender leyes antiguas o visiones confusas. Entonces nos preguntamos: *¿Cómo se relaciona esto con todo lo que estoy viviendo hoy?* Este pensamiento aparece con más frecuencia en nuestra era de avances tecnológicos e inteligencia artificial.

2. «Lo intenté, pero no sé cómo hacerlo».

Aun así, muchas personas han sentido convicción y se han comprometido a comenzar a estudiar la Palabra de Dios. Se sientan y abren la Biblia con buenas intenciones, sin embargo, no están seguras de por dónde empezar ni qué hacer. Comienzan a leer, pero no les resulta fácil, y muchas cosas simplemente no tienen sentido para ellas. Quieren ver lo que otros dicen ver, pero no sucede como esperaban. Finalmente, cierran la Biblia con frustración, concluyendo que nunca la «entenderán».

3. «¿Estudiar la Biblia no es tarea del pastor?».

Por otra parte, una gran cantidad de cristianos se conforman simplemente con aprender la Biblia a través de los «expertos» cuyo trabajo es enseñarla. Sin duda, todos (incluidos los pastores) necesitamos líderes cristianos que nos enseñen la Biblia fielmente. Pero si no la profundizamos por nuestra cuenta, si no la estudiamos nosotros mismos, nos perderemos las grandes alegrías del descubrimiento personal al buscar a Dios en su Palabra. Estudiar la Biblia no es algo que se hace a la fuerza, a través de otra persona, como tampoco se enamora uno de alguien por medio de otro. Dios quiere que todos sus hijos (y no solo los pastores) experimenten personalmente una relación de amor con él a través de su Palabra.

4. «La verdad es que no tengo tiempo».

Quizás haya alguien que trabaja cincuenta, sesenta o incluso setenta horas a la semana. O tal vez está en casa cuidando a un niño pequeño, con muy poco tiempo a solas para sentarse a estudiar y aún menos energía mental para hacerlo.

Estas son situaciones comunes hoy en día, pero contrastan marcadamente con la forma en que los cristianos han abordado la Palabra de Dios a lo largo de la historia de la iglesia. En ciertos grupos y tradiciones cristianas existía la costumbre de que los creyentes —no solo los «superespirituales», como podríamos llamar a los líderes de la iglesia— se levantaran antes del amanecer para dedicar un buen tiempo a la Palabra de Dios y luego se reunieran con la familia para leerla durante el desayuno. Después le dedicaban un tiempo al mediodía, ya fuera solos o con otros cristianos. Finalmente, terminaban el día con un tiempo de lectura bíblica.

Resulta difícil visualizar esta imagen en medio de tanta ocupación que tenemos en la actualidad. Nosotros no podemos imaginarnos pasando tanto tiempo mirando y leyendo desde el momento en que nos levantamos hasta que nos vamos a acostar, y también en otros ratos a lo largo del día... bueno, un momento... *sí podemos* imaginarlo, ¿verdad? ¿Acaso no es esto lo que hacemos con nuestros teléfonos? La persona promedio en mi país pasa cinco horas y veinticuatro minutos al día frente a un dispositivo móvil. Desde que nos despertamos hasta que nos acostamos, y en cada tiempo entremedio, miramos nuestros teléfonos un promedio de noventa y seis veces al día, o una vez cada diez minutos.[1]

Aparentemente, no estamos tan apremiados como creemos. Si bien es cierto que

1. «How Much Time Does the Average Person Spend on Their Phone in 2024» [«¿Cuánto tiempo pasó la persona promedio en su teléfono en 2024?»], What's the Big Data, 22 abril 2024, https://whatsthebigdata.com/smartphone-usage-statistics/.

los teléfonos inteligentes pueden ser adictivos, también es verdad que solemos dedicar tiempo a lo que consideramos más importante. La pregunta es: ¿Qué importancia tiene la Palabra de Dios para nosotros?

5. «Ni siquiera estoy seguro de que la Biblia sea verdadera».

No hay nada como la Biblia en todo el mundo. Ten en cuenta que contiene sesenta y seis libros escritos por más de cuarenta autores en tres idiomas diferentes a lo largo de mil quinientos años, todos contando una historia coherente: el evangelio de Jesucristo. Ningún pasaje de toda la Biblia contradice esta narrativa única. Ni uno solo. Entonces hazte esta pregunta: *¿Cómo es posible?* Si le pidieras a cuarenta personas que conoces que escribieran un libro que contara una historia general sobre quién es Dios, quiénes somos nosotros, cómo se creó este mundo, qué está mal en él y cómo podemos arreglarlo, no hay posibilidad de que esas cuarenta personas estuvieran de acuerdo o formaran una historia coherente. Y todas ellas viven al mismo tiempo y probablemente hablan el mismo idioma. Pero la Biblia, que incluye libros escritos en diferentes idiomas a lo largo de siglos y por personas disímiles como un campesino, un pastor de ovejas, un soldado, un experto en la ley, un religioso, un recaudador de impuestos y un pescador (por mencionar solo a algunos autores), cuenta una historia asombrosamente coherente.

Esto sin hablar de lo confiable, precisa y profética que es. Nosotros basamos el conocimiento de ciertos acontecimientos de la historia mundial en tan solo unos pocos documentos históricos. Sin embargo, contamos con más de cinco mil manuscritos completos o parciales del Nuevo Testamento, escrito en griego, y cada año se descubren más, pero ninguno ha dado lugar a una revisión a fondo de las Escrituras. Los relatos bíblicos de la historia y la geografía han demostrado su exactitud una y otra vez. Esa precisión se extiende no solo a los acontecimientos pasados que la Biblia registró, sino también a los acontecimientos futuros que predijo. Este libro contiene miles de profecías que se han cumplido con asombrosa puntualidad, incluyendo trescientas profecías específicas del Antiguo Testamento, escritas a lo largo de cientos de años, que se cumplieron al detalle en la vida, muerte y resurrección de Jesús.

A través de la historia, los críticos de la Biblia fueron y vinieron, pero la Palabra de Dios siempre ha permanecido. No obstante, algunos cristianos dudan de su autoridad, lo que inevitablemente los lleva a ignorarla a diario. Si en realidad creyéramos que la Biblia es la Palabra de Dios, no la pasaríamos por alto casi todos los días, ¿verdad?

6. «Lo cierto es que no tengo ganas de estudiar la Palabra de Dios».

Muchos cristianos profesantes simplemente no tienen un fuerte deseo de estudiar la Palabra de Dios. Pero eso no debería sorprendernos.

Recuerdo la primera vez que fui a cenar a casa de Heather después de que finalmente empezamos a salir. Cuando yo era pequeño no comía mariscos porque a mi padre no le gustaban, así que nadie en mi familia los comía. Ni siquiera me agradaba su olor. Pero aquella noche en la cena, sirvieron mariscos, y para causar una buena impresión en la familia de Heather, aunque no soportaba el sabor, me los comí todos. La familia de Heather estaba convencida de que me encantaban, tanto que siempre que comía con ellos preparaban mariscos. Como resultado, ahora son mis favoritos. ¿Por qué? ¡Porque tuve que aprender a amarlos para conseguir una esposa!

Hablando en serio, mis papilas gustativas cambiaron. Cuanto más comía mariscos, más aprendía a disfrutarlos. Creo que una de las razones por las que no deseamos la Palabra de Dios es porque nuestras papilas gustativas están demasiado acostumbradas a las cosas de este mundo. Nos llenamos el estómago con muchas calorías vacías (como cinco o más horas, todos los días, de mensajes del mundo en las pantallas), y como resultado, no tenemos hambre de la Palabra de Dios. Pero ¿qué podría pasar si nos tomáramos el tiempo para aprender a deleitarnos con las Escrituras en lugar de recibir todos los detestables bocados que el mundo nos ofrece? ¿Podrían cambiar nuestras papilas gustativas?

Cuando alguien me dice: «La verdad es que no me apetece leer la Palabra de Dios y no sé cómo puedo cambiar eso», siempre le doy tres amables palabras como consejo: Lee. Su. Palabra. Estoy seguro de que cuando alguien que tiene el Espíritu de Dios lee la Biblia día tras día *de la manera correcta* (luego mira el siguiente capítulo para aprender cuál es la forma incorrecta), sus papilas gustativas espirituales se transforman por completo. De ese modo descubrirá que la Palabra de Dios es infinitamente mejor que todo lo demás en este mundo y experimentará la verdad de este pasaje:

La ley del Señor es perfecta, que
restaura el alma;
El testimonio del Señor es seguro,
que hace sabio al sencillo.
Los preceptos del Señor son rectos,
que alegran el corazón;
El mandamiento del Señor es puro,
que alumbra los ojos.
El temor del Señor es limpio, que
permanece para siempre;
Los juicios del Señor son
verdaderos, todos ellos justos;
Deseables más que el oro; sí, *más* que
mucho oro fino,
Más dulces que la miel y que el
destilar del panal.
Además, Tu siervo es amonestado
por ellos;
En guardarlos hay gran recompensa.
(Salmos 19:7-11)

Por eso, te invito a que hoy decidas dejar ir cualquier excusa para no estudiar la Biblia. Tu

Creador te ama tanto que ha inspirado sobrenaturalmente su Palabra para mostrarte quién es y cómo puedes experimentar una vida eterna y abundante en una relación con él. Su Palabra es única en el mundo: perfecta, segura, justa, pura, limpia y verdadera; más valiosa que todo el dinero del mundo y más deleitable que el mejor alimento que hayas probado en tu vida.

Vivimos en un mundo caído, lleno de deseos insatisfechos, expectativas incumplidas, relaciones rotas, búsquedas vacías, placeres fugaces, dolor, tristeza, ansiedad, depresión, desesperación, miedo y desánimo. ¿No quieres experimentar un gozo eterno, una transformación asombrosa, una sabiduría sobrenatural, una valentía que desafíe a la muerte, una paz eterna y un amor indescriptible? Entonces estudia la Palabra de Aquel que te garantiza toda esta recompensa, y mucho más cuando la escuchas y obedeces. Es hora de darte cuenta de que tu existencia aquí en la tierra, y por toda la eternidad, depende de escuchar y responder a la Palabra de Dios.

ORACIÓN

Dios, ayúdame a no conformarme con una vida supuestamente «cristiana» que nunca aprende a estudiar tu Palabra y se pierde tus recompensas cada día.

PREGUNTAS INTERACTIVAS

¿Qué esperas descubrir o cambiar después de leer este libro?

____

____

____

____

De las seis razones más comunes que los cristianos alegan para no leer o estudiar la Biblia, ¿cuál es aquella en la que sueles pensar o repetir? Si es más de una, ¿con cuál de ellas te identificas más?

____

____

____

____

¿Por qué piensas que esa razón para no leer la Biblia es cierta en tu caso?

___

___

___

___

¿Cuál es tu reacción inicial cuando comparas el tiempo que pasas leyendo la Biblia con el tiempo que permaneces frente a una pantalla?

___

___

___

___

___

___

___

¿Cuál es tu respuesta a la idea de que tu vida en la tierra y por toda la eternidad depende de escuchar y responder a la Palabra de Dios?

CAPÍTULO 2

¿Cómo NO leer la Biblia?

Imagina que Heather recibía la carta que te comenté en el capítulo anterior, pero sin un contexto para las palabras que leía. Imagina que no supiera quién la había enviado y, por ende, pensara que la palabra «nena» era una burla en lugar de un término cariñoso o de amistad, como en realidad yo pretendía que fuera. ¿Y si no entendía que extrañarla «con locura» era una expresión de cuánto me gustaba estar con ella? Sin este contexto y comprensión, mi carta podría haber tenido un efecto negativo en nuestra relación.

Del mismo modo, nada más leer la Palabra de Dios es insuficiente si no entendemos correctamente el contexto y el significado de lo que estamos leyendo. Es posible leer la Biblia y malinterpretar el mensaje de Dios. El título de este libro es *Cómo leer la Biblia*, pero nuestro enfoque no se limita a recorrer las palabras de una página. Queremos estudiarla para *comprender correctamente* lo que Dios nos dice en ella.

Además, debemos tener cuidado con las muchas maneras en que podemos *malinterpretar sutilmente* lo que dice, reconociendo que ese tipo de malentendidos pueden ser perjudiciales para nosotros y también para nuestra relación con Dios. Específicamente, debemos evitar esos enfoques peligrosos al leer la Biblia.

EL ENFOQUE EMOCIONAL: *¿QUÉ ME HACE SENTIR BIEN?*

Si no tenemos cuidado, podemos acercarnos a las Escrituras buscando aquello que nos haga sentir de cierta manera. Quizás buscamos algo ligero e inspirador que nos ayude a sobrellevar el día.

Por supuesto que no está mal acudir a la Biblia en busca de aliento, y Salmos 19:11 deja claro que debemos ir a ella en busca de recompensa. Pero seamos francos: algunos versículos de la Biblia pueden parecernos ligeros y hasta estimulantes, mientras que otros nos parecen pesados y demasiado serios.

Por ejemplo, al leer a los profetas del Antiguo Testamento, como Isaías o Joel, y encontrar descripciones de la pecaminosidad humana, además de advertencias del juicio de Dios, es muy probable que estos pasajes no te dejen eufórico ni lleno de energía. Del mismo modo, al leer libros como Job, Eclesiastés, Lamentaciones o incluso algunos salmos, es posible que te identifiques con la tristeza o las penas que allí se expresan. Y si solo buscas lo que te hace sentir bien, omitirás estas partes de la Biblia o las distorsionarás para hacerles decir algo que en realidad no dicen.

Una de las características más hermosas de la Biblia es su sinceridad al tratar la totalidad de las emociones humanas. La Biblia no evita el tema de la felicidad *y* la tristeza, de la alegría *y* la pena, de la paz *y* el dolor, del éxito *y* la lucha, de la victoria *y* la derrota, y, en última instancia, de la vida *y* la muerte. Todos ellos son conceptos con los que estamos familiarizados y que a su vez nos conducen a Jesús. Por eso es tan importante no imponer nunca nuestras propias expectativas y sentimientos sobre un texto. En cambio, deja que cada pasaje te hable y encuentre eco en tus emociones más profundas en este mundo caído.

EL ENFOQUE PRAGMÁTICO: *¿QUÉ ME CONVIENE MÁS?*

Al igual que lo que ocurre con el enfoque emocional, podemos acudir a la Biblia buscando algo que refuerce lo que creemos que es mejor para nosotros y, en el proceso, distorsionamos la Palabra de Dios para que diga lo que queremos oír. También puede que nos inclinemos por las reconfortantes promesas de Dios para nosotros, mientras pasamos por alto sus difíciles mandatos. Además, es posible que elijamos qué mandatos nos gustan y cuáles no.

Sin embargo, esta no es la manera en que debería funcionar la lectura de la Biblia. Tenemos que acercarnos a las Escrituras de una manera diferente a como lo hacemos con cualquier otro libro del mundo, ya que ellas tienen autoridad sobre nuestro ser. No nos acercamos a la Palabra de Dios buscando opciones que considerar, sino verdades que creer, promesas a las que debemos aferrarnos y mandatos que necesitamos obedecer.

Incluso antes de siquiera abrirla para leerla, tenemos que orar: *Dios, tu Palabra es mi guía. Lo que sea que digas, lo creeré y obedeceré porque sabes lo que es mejor para mí en este mundo y en el venidero.* Al orar así (y luego poner en práctica esta convicción), te protegerás de distorsionarla para intentar que encaje con tus ideas. En cambio, serás transformado por la Palabra de Dios en torno a su propósito para tu vida.

EL ENFOQUE ESPIRITUAL: *¿QUÉ SIGNIFICADO PROFUNDO Y OCULTO TIENE PARA MÍ?*

A veces leemos la Palabra de Dios buscando una nueva perspectiva que nadie más ha descubierto. De nuevo, esto no es del todo malo, porque ciertamente queremos entender *todo* lo que Dios dice en un pasaje; sin embargo, debes tener en cuenta que miles de cristianos a lo largo de los siglos han estudiado esta misma Palabra, y la historia de la cristiandad no ha estado esperando a que tú personalmente aparezcas en escena y descubras algo nuevo.

De la misma manera, cuando nos esforzamos por encontrar algo que se aplique específicamente a nuestra situación, podríamos terminar forzando la Palabra de Dios para que diga lo que no quiere decir. Podríamos leer un pasaje y pensar: *Bueno, a primera vista parece que significa* esto, *pero yo quiero ir más allá.* Y luego analizamos ese pasaje hasta encontrar en él un significado que se adapte a nosotros.

Conformémonos con el significado sencillo de las Escrituras. Alegrémonos con la realidad de que formamos parte de una larga lista de personas que han escuchado, creído y obedecido las mismas promesas, exhortaciones, correcciones, mandatos y verdades eternas que Dios ha dado para el bien de su pueblo a lo largo de la historia.

EL ENFOQUE SUPERFICIAL: *¿QUÉ SIGNIFICA ESTO PARA MÍ?*

Este último y peligroso enfoque para leer la Biblia abarca muchos de los que ya vimos porque se centra en encontrarle un significado personal a cada pasaje. Este punto de vista es exageradamente común entre quienes se profesan cristianos. No te sorprendas si, en un estudio bíblico o en un grupo pequeño, alguien lee un pasaje de la Biblia y todos empiezan a debatir: «¿Qué significa este pasaje para ti?».

Imagina la escena en un estudio bíblico sobre Génesis 22, donde Abraham lleva a su hijo Isaac de viaje, lo coloca en un altar en obediencia al mandato de Dios y, de repente, Dios le provee un cordero para el sacrificio. El líder del grupo pregunta: «¿Qué significa esto para ti?». Diego es el primero en hablar y dice: «Creo que este capítulo significa que tengo que ir de excursión con mi hijo más seguido, como Abraham hizo con Isaac».

«Ok, Diego... creo que es una buena idea», responde el líder del grupo. «¿Alguien más?».

Entonces Pablo interviene y dice: «Bueno, creo que este pasaje deja claro que está bien sacrificar animales, lo que significa que nadie debería ser vegetariano». A lo que María, la esposa de Pablo, que es vegetariana, responde: «Bueno, ese no es el significado de este pasaje para mí, Pablo. ¡Quizás lo que en realidad este pasaje significa es que necesito sacrificarte a ti!».

Obviamente estoy exagerando (¡un poco!), pero siempre que abordamos el estudio bíblico con la pregunta: «¿Qué significa este pasaje para ti?», la conversación enseguida puede converger en un grupo de personas sentadas alrededor compartiendo de todo *excepto* el significado verdadero del pasaje.

La primera pregunta que debemos hacernos al estudiar la Biblia no es: «¿Qué significa este pasaje para mí?», sino más bien: «¿Qué está comunicando Dios en este pasaje?». Más que detenernos en algunas interpretaciones personales, nuestro interés fundamental es saber lo que Dios quiere decirnos a todos nosotros.

En este sentido, las personas podrían argumentar: «Pero determinados versículos significan cosas diferentes para distintas personas». Sin lugar a duda, si pensamos en la aplicación, los versículos pueden adaptarse de manera distinta de acuerdo con las diversas circunstancias de cada uno, pero el significado del pasaje sigue siendo el mismo, y el objetivo del estudio bíblico es descubrir lo que Dios quiere decir. Punto.

UN ENFOQUE CONFIABLE

De la misma manera en que Heather recibió esa carta mía e hizo todo lo posible para comprender el significado que yo pretendía transmitirle, nuestro objetivo al leer cualquier pasaje de la Biblia es entender el significado que Dios quiso transmitirnos. Con ese fin, quiero ofrecerte una guía de cuatro pasos con la finalidad de que puedas estudiar la Palabra de Dios correctamente. Para ayudarte a recordar estos pasos, los he incluido en un acróstico que se forma con la palabra MAPA:

M – Medita y memoriza
A – Aplica lo aprendido
P – Pide en oración
A – Anuncia su Palabra

Imagina un mapa del tesoro que te dirige hacia la recompensa de la intimidad con Dios en su Palabra. Tengo la esperanza de que el hecho de seguir estos pasos te ayude a encontrar grandes tesoros en la Palabra de Dios cada día. El salmista lo dice así: «Me regocijo en Tu palabra, como quien halla un gran botín» (Salmos 119:162).

Veremos con más profundidad estos pasos en los siguientes capítulos, pero quiero recordarte que no estás solo en este recorrido para estudiar la Palabra de Dios. El mismo Espíritu Santo que la inspiró a lo largo de los siglos, hoy estará contigo cuando la abras. Tienes al Autor del Libro a tu lado, y él promete ayudarte a comprenderlo si lo buscas con humildad. ¡Qué pensamiento tan maravilloso!

La lectura de la Biblia es verdaderamente una actividad sobrenatural en la que Dios mismo te habla de forma directa a través de su Espíritu Santo. Esta actividad es más importante que cualquier otra que podamos realizar hoy en día, así que aprendamos a hacerlo bien.

ORACIÓN

Dios, ayúdame por medio de tu Espíritu Santo a estudiar tu Palabra todos los días —con humildad, cuidado y de manera correcta— para que ella me lleve a un lugar de puro gozo y a un grandioso botín.

PREGUNTAS INTERACTIVAS

¿De qué modo adoptar el enfoque emocional al leer la Biblia («¿Qué me hace sentir bien?») podría obstaculizar tu crecimiento y madurez espiritual?

Considerando el enfoque pragmático («¿Qué me conviene más?»), ¿cómo podría la siguiente oración ayudar a mantenerte enfocado y en el camino correcto? *Dios, tu Palabra es mi guía. Creeré y obedeceré todo lo que digas porque tú sabes lo que es mejor para mí en este mundo y en el venidero.*

¿De qué maneras adoptar el enfoque espiritual («¿Qué significado profundo y oculto tiene para mí?») podría llevarte a distorsionar y tergiversar el significado de la Palabra de Dios?

____

____

____

____

Pensando en el enfoque superficial («¿Qué significa esto para mí?»), ¿cómo podrías aplicar de manera personal las Escrituras y al mismo tiempo mantenerte fiel a lo que Dios realmente te está comunicando?

____

____

____

____

CAPÍTULO 3

Medita y memoriza (Parte 1)

Tengo la esperanza de que la ilustración que te presenté en la introducción de este libro sobre la carta que envié a mi futura esposa te haya sido útil como ejemplo para destacar la importancia de leer la Biblia desde la perspectiva de una relación de amor con Dios. Con este mismo fin, te daré un último ejemplo, pero esta vez quiero compartirlo desde mi perspectiva al recibir cartas de ella. Recuerdo perfectamente cuando Heather me enviaba una carta y yo devoraba cada palabra, preguntándome qué significaba cada una de ellas.

Querido David:

[«Querido». ¿Qué quiso decir con eso? ¿Empezó la carta así sin más o realmente soy querido para ella? Parece que sí le caigo bien].

Espero que hayas tenido un buen día. ☺

[¿Por qué dibujó una carita feliz al final de esa frase? Me imagino su sonrisa mientras sigo leyendo].

He estado orando por ti.

[Hago una pausa y reflexiono... ¿De qué manera está orando por mí? ¿Está orando por mí como ora por mucha otra gente o lo hace como oraría por su futuro esposo?].

No hace falta decir que me llevó mucho tiempo leer incluso las cartas más cortas. Absorbí cada palabra y frase, reflexionando sobre lo que ella decía, pensaba, sentía y quería decir al escribirlas.

Podrías pensar que suena bastante obsesivo —y quizás estoy de acuerdo contigo—, pero es que ¡estaba enamorado! Y ese es el punto. Cuando amamos a alguien nos obsesionamos con lo que dice y nos encontramos reflexionando sobre cada palabra.

¿LEER O MEDITAR?

Antes de continuar, quiero referirme a una diferencia significativa entre *leer* la Biblia y *meditar* en ella.

Leer la Biblia puede implicar simplemente ver, o incluso repetir en voz alta, las palabras de una página sin detenerse a reflexionar sobre su significado. Con demasiada frecuencia, el objetivo de la lectura bíblica puede ser simplemente marcar una casilla, incluso ver qué tan rápido terminamos para pasar a otra cosa. Si no tenemos cuidado, podemos abordar la lectura bíblica como si recorriéramos un restaurante de comida rápida. Nos interesa solo entrar y salir enseguida, y nuestras expectativas sobre la calidad de los alimentos son bastante bajas.

Pero la meditación es diferente. *Meditar* en la Biblia implica reflexionar profundamente sobre lo que leemos y ponderar en oración su significado. Es más bien como sentarse a disfrutar de una buena comida. Tu enfoque está en disfrutar cada bocado porque sabes que este alimento, además de fortalecerte, te saciará.

Dios nos llama no solo a leer su Palabra, sino a meditar en ella de día y de noche. Leamos lo que nos dice el libro de Salmos en relación con esto:

> ¡Cuán bienaventurado es el hombre
> que no anda en el consejo de los impíos,
> Ni se detiene en el camino de los pecadores,
> Ni se sienta en la silla de los escarnecedores,
> Sino que en la ley del SEÑOR está su deleite,

> Y en Su ley medita de día y de noche!
> Será como árbol plantado junto a
> corrientes de agua,
> Que da su fruto a su tiempo
> Y su hoja no se marchita;
> En todo lo que hace, prospera.
> (Salmos 1:1-3)

Encontramos una imagen similar en el libro de Josué, donde Dios le da las siguientes instrucciones:

> «Este libro de la ley no se apartará de tu boca, sino que meditarás en él día y noche, para que cuides de hacer todo lo que en él está escrito. Porque entonces harás prosperar tu camino y tendrás éxito». (Josué 1:8)

¿Quieres vivir una vida fructífera y llena de significado en este mundo y en el venidero? ¿Deseas experimentar prosperidad y éxito verdaderos y duraderos? Si es así, dedica tiempo a *meditar* en la Palabra de Dios *día y noche*.

UN PLAN DE LECTURA DE LA BIBLIA

Entonces, ¿por dónde empezar? Mi primer consejo es que sigas un plan diario de lectura bíblica. En lugar de simplemente abrir la Biblia por distintas partes en diferentes días, es decir, al azar, te animo a encontrar una manera intencional de recorrer toda la Palabra de Dios. Existen multitud de opciones que utilizan otros seguidores de Jesús, o puedes crear una opción personalizada.

En mi caso, por ejemplo, utilizo un plan de lectura bíblica desarrollado hace siglos por un joven pastor llamado Robert Murray M'Cheyne.[2] Leo dos capítulos al día (generalmente uno del Antiguo Testamento y otro del Nuevo Testamento o de Salmos), así que en un período de dos años leeré el Antiguo Testamento una vez y el Nuevo

---

2. Deberías encontrar este plan de lectura bíblica buscando en línea «Plan de Lectura Bíblica de Robert Murray M'Cheyne». D. A. Carson también ha escrito un excelente devocional, de dos volúmenes, que complementa este plan de lectura bíblica, titulado *Por amor a Dios*. Yo lo uso casi a diario (y lo he hecho durante años) y te lo recomiendo muchísimo.

Testamento y Salmos dos veces. Hace años, mi esposa y yo comenzamos a usar este plan en nuestro tiempo a solas con Dios cada día, y el mismo revolucionó no solo nuestra relación individual con Dios, sino también la relación mutua. Ahora muchos de nuestros hijos siguen este plan junto con nosotros, y la familia de la iglesia también lo ha usado. Sin lugar a duda, es una bendición tener comunión con otros y transitar juntos el camino de Dios y su Palabra.

También te animo a conseguir una buena Biblia de estudio que utilice una traducción precisa de las Escrituras. Una Biblia de estudio contiene notas para diferentes versículos que nos ayudan a comprender el contexto y el significado de lo que leemos.[3] Siempre resulta muy provechoso recibir el consejo y la enseñanza de hermanos y hermanas en Cristo que han estudiado la historia, la cultura y los idiomas originales de la Biblia con mucha más profundidad que nosotros.

---

3. Yo utilizo la Biblia de estudio ESV y siempre la recomiendo. [Su equivalente en idioma español es la Biblia de estudio NBLA].

Independientemente de la traducción de la Biblia o el plan de lectura que utilices, separa un momento regular en tu día, o varios (mañana y tarde, como se menciona en Salmos 1:2), para meditar en la Palabra de Dios.

Entonces surge una interrogante: *¿Cómo meditar?* La respuesta es esta: *escuchando* y *observando.*

ESCUCHAR

La meditación en la Palabra de Dios comienza al escucharla atenta y minuciosamente, pero de una manera mucho más profunda que la que yo solía utilizar al leer las cartas de mi futura esposa. Deberíamos acercarnos a la Biblia con curiosidad, haciéndonos todo tipo de interrogantes. Por eso sugiero que te hagas algunas de las siguientes preguntas básicas cuando leas cualquier pasaje de la Palabra:

¿Quién?

- ¿Quién escribió este pasaje?

- ¿Quiénes fueron los primeros lectores?
- ¿Quiénes son los personajes principales?

¿Qué?

- ¿Qué sucede en este pasaje?
- ¿Qué hay de malo en la descripción? (Si es que lo hay).
- ¿Qué dice el autor?

¿Cuándo?

- ¿Cuándo se escribió este pasaje?
- ¿Cuándo sucedieron los acontecimientos de este pasaje?

¿Dónde?

- ¿Dónde se encontraba el escritor original?
- ¿Dónde estaban los lectores originales?
- ¿Dónde se desarrolla este pasaje?

¿Por qué?

- ¿Por qué escribe esto el autor?
- ¿Por qué sucedieron los hechos de esa forma?

- ¿Por qué el autor dispuso las palabras de cierta manera?
- ¿Por qué es importante este pasaje?

¿Cómo?

- ¿Cómo cuenta el autor una historia, expresa una idea o plantea un punto de vista?
- ¿Cómo progresa o se desarrolla el pasaje?
- ¿Cómo describirías el tono de este pasaje?
- ¿Cómo pretendía el autor que estas palabras afectaran a los destinatarios?
- ¿Cómo podrían haber reaccionado los destinatarios a estas palabras?

OBSERVAR

Para poder responder a las preguntas anteriores, ten en cuenta que meditar en la Palabra de Dios implica observar atentamente cada detalle. Por ejemplo, observa la imagen a continuación y cuenta los cuadrados que ves.

A primera vista podrías ver dieciséis cuadrados, pero a medida que sigas mirando, verás más y más hasta que finalmente reconozcas los treinta cuadrados de la imagen.

De manera similar, meditar en la Biblia significa observar atentamente las palabras, frases, oraciones e ideas de un pasaje para ver cómo se relacionan entre sí. Aquí te presento algunos aspectos específicos que debes buscar:

- Palabras, frases o ideas que se repiten para enfatizar.
- Cómo se conectan las diferentes palabras, frases o ideas entre sí (a veces usando «y», «pero», «para», «para que», «a través», «por lo tanto» y «porque»).
- Comparaciones o contrastes.
- Causas y efectos.
- Mandatos, condiciones, promesas o verdades.
- El flujo de la historia que el autor narra o el argumento que presenta.

Mientras escuchas y observas, puedes anotar tus comentarios y reflexiones (tus «meditaciones») sobre lo que oyes y ves.

Y siempre ten presente que escuchar y observar de esta manera lleva tiempo, así que debes tener paciencia. ¡Recuerda que la meditación es como una cena elegante! O, para usar otra ilustración, como un viaje por el río; imagínate que vas en una balsa que flota lentamente río abajo en medio de majestuosas montañas o atravesando un cañón profundo. Tendrás que hacer una pausa para contemplar las vistas, escuchar los sonidos y experimentar la maravilla de todo lo que hay para admirar.

UNAS PREGUNTAS FINALES (Y VITALES)

Una vez que hayas recorrido determinado pasaje, escuchando y observando de todas las maneras sugeridas anteriormente, da un paso atrás y hazte tres preguntas superimportantes para continuar meditando sobre el significado de lo que has leído:

1. ¿Qué enseña este pasaje acerca de quién es Dios y cómo obra?
2. ¿Qué enseña este pasaje sobre quiénes somos nosotros? Si quieres hacerlo aún

más personal pregunta: ¿Quién soy yo y cómo debo vivir?

3. ¿Qué enseña este pasaje sobre quién es Jesús, por qué lo necesitamos y qué significa seguirlo?

Como seguidores de Jesús en una relación de amor con Dios, meditemos en su Palabra de todas estas maneras, mañana y tarde. ¿Por qué? Porque nos apasiona escuchar la voz de Dios y sumergirnos en sus palabras.

ORACIÓN

Dios, enséñame a meditar y deleitarme en tu Palabra todos los días.

PREGUNTAS INTERACTIVAS

Teniendo en mente el ejemplo de las cartas que nos escribimos mi esposa y yo, ¿cómo el hecho de considerar la Biblia una carta de amor de Dios podría inspirarte y motivarte a meditar en sus palabras en lugar de leerlas de forma ligera u obligatoria?

____

____

____

¿De qué maneras establecer y dedicar un tiempo a la Palabra cada día y comprometerte con un plan de lectura bíblica pueden llevarte a ser más consciente de la Palabra de Dios?

____

____

____

¿Cómo podría ayudarte en tu estudio el hecho de aplicar las preguntas «Quién, Qué, Cuándo, Dónde, Por qué y Cómo» a tu meditación bíblica?

Al comprometerte a incorporar el método de Escuchar y Observar a tu meditación bíblica cada día, ¿qué ventajas esperas obtener con el tiempo gracias a ese nuevo nivel de compromiso?

Responder las tres preguntas acerca de quién es Dios, quién eres tú y qué te dice un pasaje sobre Jesús, ¿cómo podría ayudarte a mejorar la aplicación personal de lo que lees?

CAPÍTULO 4

Medita y memoriza (Parte 2)

Hoy en día, los niños de Afganistán y Pakistán asisten a escuelas musulmanas y memorizan el Corán completo para cuando cumplen trece años. Muchos de ellos hablan diferentes idiomas, como pastún o urdu, pero memorizan el Corán en su idioma original, el árabe, y cuentan con el apoyo total y colectivo de sus padres y la comunidad mientras aprenden las palabras de su supuesto dios.

¿Te imaginas un ministerio infantil en una iglesia de hoy en día enseñándoles a los pequeños a memorizar todo el Nuevo Testamento en griego?

¿Y luego pasar al Antiguo Testamento en hebreo? Podríamos decir: «Es imposible. Ni siquiera podemos hacerlo en español».

Pero solo pensar en esto me hace preguntarme: *Si los padres y esa comunidad están tan comprometidos con ayudar a los niños a memorizar las palabras de un dios falso, y si los niños están tan comprometidos con hacerlo, ¿qué dice eso de nuestro compromiso como personas que afirmamos tener las palabras del único Dios verdadero?*

Por eso, mi objetivo en este capítulo es mostrarte cómo la memorización constituye una de las maneras más significativas de meditar en la Palabra de Dios y experimentar su amor. También quiero ayudarte a tomar medidas prácticas para que la memorización de la Biblia forme parte de tu vida cotidiana.

LA MEMORIZACIÓN COMO FORMA DE MEDITACIÓN

Memorizar es una de las formas más prácticas y útiles de meditar en la Palabra de Dios. Implica repetirla una y otra vez en nuestra mente, y a veces en voz alta, hasta que se convierte en algo natural porque está alojada en lo profundo de nuestro ser. Así lo expresa el salmista:

> En mi corazón he atesorado Tu palabra, para no pecar contra Ti. (Salmos 119:11)

Memorizar es el proceso de atesorar la Palabra de Dios en nuestro corazón de una manera que nos ayude a caminar con él.

Algunos dirán: «Pero... es que no soy bueno memorizando nada». Y puede que haya algo de cierto en esto. Cada persona tiene su propia habilidad mnemotécnica. Pero déjame hacerte una pregunta: ¿Qué pasaría si te dijera que te daría mil dólares por cada versículo que pudieras memorizar de aquí a mañana a esta misma hora? Supongo que podrías aprender de memoria al menos algunos versículos. Juan 11:35 dice: «Jesús lloró». Así de fácil, ¡ya tendrías mil dólares! Estoy bastante seguro de que podrías aprender muchos versículos más si ese dinero estuviera en juego. Ahora escucha este salmo:

> Mejor es para mí la ley de Tu boca que millares *de monedas* de oro y de plata. (Salmos 119:72)

¿Crees que esto es cierto? Esa parece ser la verdadera pregunta. Lo importante no es saber si tienes la capacidad de memorizar o no, sino que consideres qué es más valioso para ti: el dinero o la Palabra de Dios.

COMIENZA CON UN VERSÍCULO

Partiendo de la base de que creemos de corazón que la Palabra de Dios es infinitamente más importante que el dinero o cualquier otra cosa en este mundo, te invito a planificar cómo la guardarás en tu corazón. Puedes empezar con una meta sencilla. Al meditar en la Biblia cada día, busca un versículo para memorizar y abórdalo de esta manera:

1. Escribe el versículo.
2. Luego, léelo en voz alta, frase por frase.
3. Empieza con las primeras palabras y repítelas varias veces.
4. Agrega algunas palabras más y después repítelas todas varias veces.
5. Sigue haciendo esto hasta que puedas repetir el versículo completo en voz alta sin mirarlo.

Una vez que tengas esta base, no te detengas. Aproximadamente una hora después, intenta decirlo otra vez; si no puedes, vuelve a repasarlo hasta que lo logres. Luego, prueba repetirlo después de una o dos horas. Posteriormente, intenta repetirlo dos o tres horas más tarde. Siempre que tengas un momento libre, recita el versículo en voz alta.

Haz esto una y otra vez a lo largo del día, y luego deja que las palabras del versículo sean las últimas que pronuncies en voz alta antes de dormirte.

Al despertar a la mañana siguiente, intenta recitar ese versículo una y otra vez. A lo largo del día, varias veces, reitéralo hasta que te acuestes a dormir. En el proceso, ¡te darás cuenta de que estás empezando a meditar en la Palabra de Dios día y noche!

VAMOS POR MÁS

Realiza el proceso anterior con un versículo a lo largo de una semana. Luego, al llegar a la semana siguiente, repite el mismo procedimiento con otro versículo. Durante el proceso, asegúrate de repasar también el versículo de la semana anterior.

Algunas veces puedes optar por memorizar versículos individuales de diferentes pasajes (o libros) de la Biblia; otras veces puedes encontrar dos o tres (o más) versículos seguidos que quieras memorizar juntos. A mí me resulta más fácil memorizar versículos que aparecen consecutivamente en un pasaje, porque fluyen con mayor naturalidad.

Cuanto más memorices las Escrituras a lo largo del tiempo, ya sean versículos individuales o pasajes completos, más se fortalecerá tu capacidad mental para hacerlo. Cuando esto suceda, estarás listo para memorizar un capítulo completo de la Biblia. Puede que ahora te parezca disparatado y casi imposible, pero no subestimes lo mucho que Dios quiere ayudarte a lograrlo.

Recuerdo cuando en nuestra familia de la iglesia memorizamos juntos el primer capítulo de 1 Juan. Un hermano que nunca había memorizado un capítulo de la Biblia se entregó por completo a la tarea. No solo aceptó el reto, sino que también invitó a su hijo adolescente a unirse al desafío. Juntos aprendieron de memoria el primer capítulo, dedicando parte del viaje matutino en automóvil a trabajar en el siguiente versículo o a repasar los anteriores hasta que memorizaron los diez versículos. Pero lo que sucedió después sorprendió a este padre.

Después de que él y su hijo terminaron el último versículo del capítulo, el hijo lo miró y dijo: «No vamos a parar ahora, ¿verdad?». Su padre respondió: «Yo diría que no», y continuaron hasta memorizar todo el libro de 1 Juan. Las palabras no pueden describir el efecto que esta aventura tuvo en ese padre y su hijo, y en su relación mutua e individual con Dios.

MEMORIZAR LLEVA TIEMPO

Sin lugar a duda, memorizar la Biblia requiere tiempo. Pero recuerda, ¡tiempo es lo que sobra! Piensa en todos los momentos de ocio de tu día en los que revisas las redes sociales o te concentras en algo trivial o sin importancia. ¿Qué pasaría en tu vida y en la de aquellos que te rodean si decidieras aprovechar al menos algunos de esos momentos ociosos para meditar en la Biblia y memorizarla?

Como acabamos de ver, tú puedes memorizar versículos, pasajes y capítulos enteros de la Biblia poco a poco, y de esta manera aprenderás un versículo a la semana o quizás cada dos días.

Otra técnica que suelo recomendar es dedicar media hora, una hora o incluso un par de horas de vez en cuando a la memorización. Sería genial hacerlo con regularidad, pero no siempre es posible. Independientemente de la frecuencia con la que memorices, piensa que es como si reservaras tiempo para un programa o una película, solo que este tiempo lo estás dejando para algo que te beneficiará mucho más (y para siempre).

Quédate a solas, en un lugar tranquilo y sin distracciones, durante un tiempo apartado para concentrar tu mente en memorizar todo lo que puedas. Quizás solo sean unos pocos versículos, un pasaje, una parte de un capítulo o un libro. Dedica ese tiempo a atesorar en tu corazón y tu mente la mayor cantidad posible de las Escrituras, y luego comprométete a repasarlas continuamente: por la mañana, al comenzar el día; al caminar o entrenar; cuando esperas algo o estás sentado en el automóvil; al cepillarte los dientes y prepararte para dormir. Simplemente sigue repasando. Te sorprenderá cuánto de la Palabra de Dios puedes almacenar en tu corazón cuando reservas tiempo de manera intencional o aprovechas los minutos de ocio que normalmente pasas enviando mensajes de WhatsApp o navegando en internet.

PRIMER PASO: MEDITAR Y MEMORIZAR

Ahora ya sabes cuál es el primer paso para experimentar intimidad con Dios en su Palabra: meditar y memorizar. Dedica tiempo cada día a meditar en al menos un pasaje de la Biblia, y comprométete siempre a memorizar una porción de ella. Como veremos en los próximos capítulos, meditar (escuchar y contemplar las maravillas de las Escrituras) y memorizar (guardar la Palabra en tu corazón) cambiará por completo tu forma de vivir, orar e interactuar con las personas que te rodean a diario.

ORACIÓN

Dios, ayúdame a atesorar tu Palabra en mi corazón y en mi mente cada día para que pueda caminar contigo en todo lo que haga.

PREGUNTAS INTERACTIVAS

¿Cuáles son algunos de los obstáculos más comunes que te hacen cuestionar tu capacidad para memorizar eficazmente las Escrituras?

____

____

____

____

¿De qué forma el comprometerte a memorizar un versículo bíblico cada semana podría ayudarte a crecer espiritualmente y a glorificar a Dios con tus pensamientos?

____

____

____

____

Al igual que en el testimonio del padre y el hijo que memorizaban las Escrituras juntos, ¿cómo podrías ver que este compromiso influye positivamente en tus relaciones?

¿Cómo podría el hábito de memorizar las Escrituras ayudarte a combatir la tentación en momentos de ocio?

Ahora que comprendes mejor todas las bendiciones potenciales de la meditación y memorización de las Escrituras, ¿qué pasos prácticos puedes dar para comenzar a ejecutar esta disciplina?

CAPÍTULO 5

Aplica lo aprendido

Después de ver las bendiciones de la meditación y la memorización, podríamos preguntarnos: *¿Es posible meditar y memorizar la Palabra de Dios y, sin embargo, perder el objetivo?* ¡Por supuesto! Presta atención a esta advertencia de Dios:

> Sean hacedores de la palabra y no solamente oidores que se engañan a sí mismos. Porque si alguien es oidor de la palabra, y no hacedor, es semejante a un hombre que mira su rostro natural en un espejo; pues después de mirarse a sí mismo e irse, inmediatamente se olvida de qué clase de persona es. Pero el que

> mira atentamente a la ley perfecta, la *ley* de la libertad, y permanece *en ella*, no habiéndose vuelto un oidor olvidadizo sino un hacedor eficaz, este será bienaventurado en lo que hace. (Santiago 1:22-25)

Observa cómo Dios enfatiza exactamente lo que hemos mencionado: escuchar y profundizar en su Palabra. Pero si nos detenemos ahí, nos engañaremos a nosotros mismos y perderemos por completo el propósito de leer las Escrituras.

En realidad, según Jesús, no solo perderemos el propósito, sino que perderemos la vida eterna.

> «No todo el que me dice: "Señor, Señor", entrará en el reino de los cielos, sino el que hace la voluntad de Mi Padre que está en los cielos. Muchos me dirán en aquel día: "Señor, Señor, ¿no profetizamos en Tu nombre, y en Tu nombre echamos fuera demonios, y en Tu nombre hicimos muchos milagros?". Entonces les declararé: "Jamás los conocí;

apártense de Mí, los que practican la iniquidad"». (Mateo 7:21-23)

¿Captaste eso? Jesús dice que muchas personas que invocan su nombre se sorprenderán al presentarse ante él un día y oírle decir: «Jamás los conocí. Apártense de mí». Estas son personas que profesaron el nombre de Jesús, pero no siguieron sus palabras.

En cierto sentido, al diablo le encantaría que meditáramos y memorizáramos la Palabra de Dios, siempre y cuando no hagamos nada al respecto. Esa es una receta no solo para el *engaño* personal, sino también para la *destrucción* eterna. Por supuesto, nadie obedece la Escritura de forma impecable, así que no debemos esperar una perfección sin pecado; pero en aquellos que tienen el Espíritu de Dios viviendo en su interior, debería haber evidencia de que la Escritura sagrada está transformándolos gradualmente.

Al meditar en la Palabra de Dios y memorizarla, necesitamos también avanzar hacia el segundo paso del MAPA, nuestro camino hacia la intimidad con Dios en ella: aplicar lo aprendido.

LAS CAPAS DE NUESTRO SER

Al reflexionar sobre cómo se aplica la Palabra de Dios a nuestras vidas, visualicemos cada una de ellas en una serie de seis círculos concéntricos.

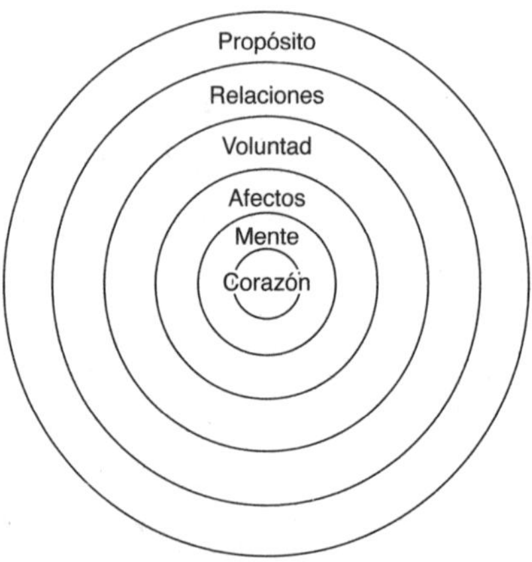

Como seguidores de Jesús, un **corazón** nuevo es la esencia de quienes somos. El Espíritu Santo vive en nosotros, transformándonos por completo. Más específicamente, el Espíritu de Jesús transforma nuestra **mente** para que pensemos como él, conforme a su Palabra. A su vez, Jesús transforma nuestros **afectos** para que deseemos lo que él desea y aborrezcamos lo que él odia. Cuanto más pensemos como Jesús piensa y deseemos lo que Jesús desea, más transformará el Espíritu Santo nuestra **voluntad** para andar como Jesús anduvo. Entonces, cuanto más vivamos como Jesús vive, más amaremos como Jesús ama, y esto transforma nuestras **relaciones** con los demás. En todo esto, Jesús revoluciona el **propósito** fundamental que tenemos en la vida. Nuestro deseo más profundo es seguir a Jesús y darlo a conocer a todas las naciones.

Cuando consideres distintas formas de aplicar la Biblia a tu realidad, piensa en cada uno de estos aspectos. Ahora, de manera específica y práctica, te animo a que te hagas estas seis preguntas de aplicación al estudiar las Escrituras:

1. CORAZÓN: ¿Cómo cambia este pasaje mi corazón?

   De todos los mandamientos que nos da la Palabra de Dios, Jesús identifica este pasaje como «el primer y gran mandamiento»:

> Y Él le contestó: «Amarás al Señor tu Dios con todo tu corazón, y con toda tu alma, y con toda tu mente». (Mateo 22:37)

Por lo tanto, cuando meditamos en la Biblia, necesitamos reflexionar sobre la pregunta: *¿Cómo lo que estoy leyendo me lleva a amar más a Dios?* Y sabiendo que el amor por Dios es el resultado de su amor por nosotros, podemos preguntarnos: *¿Cómo lo que estoy leyendo me lleva a conocer, comprender, experimentar y disfrutar más del amor de Dios por mí, por su iglesia y por el mundo que me rodea?*

2. MENTE: ¿Cómo cambia este pasaje mi forma de pensar?

Al meditar en la Palabra de Dios encontramos verdades y promesas, mandatos e instrucciones, correcciones y enseñanzas que transforman nuestra forma de pensar sobre lo que es bueno y lo que es malo, lo justo y lo injusto, lo correcto y lo incorrecto, lo sabio y lo necio. Pablo lo expresa así:

> Y no se adapten a este mundo, sino transfórmense mediante la renovación de su mente, para que verifiquen cuál es la voluntad de Dios: lo que es bueno y aceptable y perfecto. (Romanos 12:2)

Cada vez que meditamos en las Escrituras, debemos detenernos y preguntarnos: *¿Cómo debo pensar en Dios, en mi vida, en mis circunstancias, en los demás, en el mundo que me rodea y/o en el futuro como resultado de lo que he visto en la Palabra?*

3. AFECTOS: ¿Cómo cambia este pasaje mis deseos?

   ¿Recuerdas lo que decía el salmo 1 sobre deleitarnos en la ley de Dios al meditar en ella día y noche? Ahora, conecta esa imagen con este salmo:

> Pon tu delicia en el SEÑOR, y Él te dará las peticiones de tu corazón. (Salmos 37:4)

Cuanto más nos deleitamos en Dios y su Palabra, más transforma él nuestros deseos para que sean como los suyos. Así que, después de meditar en un pasaje, pregúntate: *¿De qué manera deben cambiar mis deseos como resultado de lo que he leído?*

4. VOLUNTAD: ¿Cómo cambia este pasaje lo que hago?

Como hemos visto, Dios deja claro en Santiago 1 que una vez que examinamos su Palabra, debemos *hacer* lo que dice. Jesús declara algo similar:

«Si ustedes me aman, guardarán Mis mandamientos». (Juan 14:15)

Sabiendo que todos somos tentados a no hacer lo que dice la Biblia, preguntémonos específicamente: *¿Qué debo hacer hoy o esta semana como resultado de lo que he visto en la Palabra y oído de ella?*

5. RELACIONES: ¿Cómo cambia este pasaje la forma en que interactúo con los demás?

Jesús nos dice que el segundo mandamiento más importante de toda la Palabra de Dios es similar al primero:

«Y el segundo es semejante a este: AMARÁS A TU PRÓJIMO COMO A TI MISMO». (Mateo 22:39)

Al meditar en la Palabra, piensa intencionalmente en tus relaciones en el hogar, la iglesia, la escuela o el lugar de trabajo, el vecindario y la comunidad. Después considera todos los niveles subyacentes de esas relaciones a la luz de los círculos concéntricos que vimos antes, incluyendo la forma en que piensas sobre otras personas, lo que sientes por ellas, la manera en que actúas con ellas y cómo les hablas o te refieres a ellas.

Luego, responde a esta pregunta: «¿Qué tengo que cambiar en la manera en que me relaciono con los demás en cualquiera de estos niveles, según lo que he visto y oído en la Palabra de Dios?».

6. PROPÓSITO: ¿Cómo cambia mi vida este pasaje para que yo pueda estar más en sintonía con el propósito de Dios?

   El propósito de Dios en el mundo es que sigas a Jesús y lo des a conocer en tu vecindario y en todas las naciones. Jesús lo dejó claro en sus últimas palabras a sus seguidores cuando les dijo:

   «Vayan, pues, y hagan discípulos de todas las naciones, bautizándolos en el nombre del Padre y del Hijo y del Espíritu Santo, enseñándoles a guardar todo lo que les he mandado; y ¡recuerden! Yo estoy con ustedes todos los días, hasta el fin del mundo». (Mateo 28:19-20)

   Como seguidor de Jesús, eres alguien que hace discípulos de las naciones. Por lo tanto, al concluir este segundo paso de la aplicación, pregúntate: *¿Cómo me ayuda, me equipa y/o me motiva este pasaje a dar a conocer a Jesús por medio de mi vida?*

NO SOLO INFORMACIÓN, SINO TRANSFORMACIÓN

Al hacernos estas preguntas y aplicar la Palabra de Dios, comenzamos a darnos cuenta de que estudiar la Biblia no se trata solo de obtener más información para nuestra mente. Se trata, más bien, de experimentar una transformación sobrenatural de manera integral. Cuanto más meditamos en la Palabra, más nos asemejamos al Hijo de Dios, lo que significa que no solo disfrutamos de una intimidad más profunda con Dios, sino que también reflejamos su imagen con mayor claridad a un mundo que necesita desesperadamente de su amor.

ORACIÓN

Dios, te pido que no me limite simplemente a escuchar tu Palabra y me engañe a mí mismo; por favor, ayúdame a aplicarla en cada aspecto de mi existencia por el poder de tu Espíritu Santo.

PREGUNTAS INTERACTIVAS

¿Por qué crees que la aplicación personal de las Escrituras —hacer y no solo escuchar— es tan importante para Dios?

____

____

____

____

____

Tomemos un pasaje conocido del Sermón del Monte y apliquemos las seis preguntas de este capítulo al texto.

«Ustedes son la luz del mundo. Una ciudad situada sobre un monte no se puede ocultar; ni se enciende una lámpara y se pone debajo de una vasija, sino sobre el candelero, y alumbra a todos los que están en la casa. Así brille la luz de ustedes delante de los hombres, para que vean sus buenas acciones y glorifiquen a su Padre que está en los cielos». (Mateo 5:14-16)

Cómo cambia este pasaje:

a. Mi corazón.
b. Lo que pienso.
c. Lo que deseo.
d. Lo que hago.
e. La forma en que interactúo con los demás.
f. Toda mi vida, para que esté más en sintonía con el propósito divino.

¿Cómo puedes cambiar tu enfoque hacia la Palabra de Dios pasando de simplemente recopilar información a buscar la transformación personal?

____

____

____

____

CAPÍTULO 6

Pide en oración

¿Alguna vez oraste por algo y después te diste cuenta de que Dios no te respondió como esperabas? Sospecho que a todo seguidor de Jesús le ha sucedido eso en varias ocasiones. Esto es parte de lo que significa para Dios ser Dios y para nosotros ser humanos. Él sabe cosas que nosotros no sabemos, ve cosas que nosotros no vemos y hace cosas que nosotros no entendemos, aun cuando confiamos en que siempre nos escucha y responde a nuestras oraciones según su poder, su sabiduría y su amor.

Pero ¿qué pasaría si te dijera que Dios garantiza respuestas a algunas de esas oraciones? ¿Animaría eso tu tiempo de oración? ¿Orarías por más temas si supieras que Dios definitivamente hará lo que le pides?

Escucha la promesa de Jesús a sus seguidores:

> «Si permanecen en Mí, y Mis palabras permanecen en ustedes, pidan lo que quieran y les será hecho». (Juan 15:7)

Este es uno de mis versículos favoritos de toda la Biblia; aquí Jesús nos garantiza respuestas a las oraciones cuando oramos conforme a su Palabra.

Por eso, en el presente capítulo nos detendremos en el tercer paso para experimentar intimidad con Dios a través del estudio de la Biblia: orar. Durante muchos años, he usado el acróstico formado con la palabra ORAR para mantener la oración de una manera equilibrada:

O – Ofrece alabanza (alabanza)
R – Reconoce y renuncia a tus pecados (arrepentimiento)
A – Anímate a pedir (petición)
R – Ríndete a su voluntad (entrega)

CUATRO PREGUNTAS AL ORAR

Al meditar en la Palabra de Dios, memorizarla y aplicarla a nuestra vida, debemos orar basándonos en lo que dice la Biblia, con la confianza de que él responderá. En concreto, hagámonos las siguientes cuatro preguntas:

1. ¿Cómo me lleva este pasaje a OFRECER ALABANZA a Dios?

   Antes de pedir algo en oración, debemos recordar el propósito principal de la misma. Tengamos presente las palabras de Jesús justo antes de enseñarles a sus seguidores lo que a menudo se llama el Padrenuestro:

   «Y al orar, no usen ustedes repeticiones sin sentido, como los gentiles, porque ellos se imaginan que serán oídos por su palabrería. Por tanto, no se hagan semejantes a ellos; porque su Padre sabe lo que ustedes necesitan antes que ustedes lo pidan». (Mateo 6:7-8)

Al reflexionar sobre estas palabras, podrías pensar que orar es innecesario porque Dios ya sabe lo que precisamos; sin embargo, Jesús está señalando un punto en extremo importante que debemos tener cuidado de no pasar por alto. La oración no se trata principalmente de *pedir algo*, sino de *estar con Alguien*. Por eso, justo antes de estos versículos, Jesús dice:

«Pero tú, cuando ores, entra en tu aposento, y cuando hayas cerrado la puerta, ora a tu Padre que está en secreto, y tu Padre, que ve en lo secreto, te recompensará». (Mateo 6:6)

Esta es la misma promesa que vimos en el salmo 19. Dios recompensa sobrenaturalmente a quienes pasan tiempo a solas con él y escuchan su Palabra.

Por lo tanto, al meditar en ella cada día, deja que lo que veas te lleve, ante todo, a alabar a Dios por quién es él y a agradecerle por lo que ha hecho. Observa el pasaje que estás estudiando y pregúntate: «¿Qué *atributos* y *acciones* de Dios me llevan a alabarlo y agradecerle?». Al meditar en la Palabra, considera arrodillarte o postrarte sobre tu rostro y simplemente adorarlo basándote en lo que ves en ella.

2. ¿Cómo me lleva este pasaje a RECONOCER MI PECADO Y RENUNCIAR A ÉL?

Cuanto más meditamos en la Palabra, más nos conmoverá el corazón, convenciéndonos de nuestro pecado y mostrándonos la necesidad que tenemos de la gracia divina. El autor de Hebreos dice:

> Porque la palabra de Dios es viva y eficaz, y más cortante que cualquier espada de dos filos. Penetra hasta la división del alma y del espíritu, de las coyunturas y los tuétanos, y *es poderosa* para discernir los pensamientos y las intenciones del corazón. (Hebreos 4:12)

Y de un modo similar, Pablo afirma:

Toda Escritura es inspirada por Dios y útil para enseñar, para reprender, para corregir, para instruir en justicia, a fin de que el hombre de Dios sea perfecto, equipado para toda buena obra. (2 Timoteo 3:16-17)

Basándonos en el poder penetrante de las Escrituras para reprendernos y corregirnos, cada vez que acudimos a ella deberíamos preguntarnos: *¿Hay algún pecado que deba confesar a la luz de lo que he leído?*

Considera, específicamente, la aplicación de la Palabra de Dios a los aspectos concéntricos de tu vida que vimos en el capítulo anterior. A partir de lo que has leído, ¿hay algo que deshonre a Dios en tu corazón, mente, afectos, voluntad, relaciones o propósito que debas confesar ante él? Reconoce y confiésale tu pecado con humildad y sinceridad, sabiendo que Dios te ama profundamente, te perdona con generosidad, te limpia por completo y te otorga un poder sobrenatural para alejarte del pecado y vivir conforme a su Palabra.

3. ¿De qué forma este pasaje me hace aferrarme a sus promesas y ANIMARME A PEDIRLE a Dios por mí y por los demás?

Ahora piensa en todas las cosas que podrías pedirle a Dios basándote en lo que observas en su Palabra. Enfócate en todas las maneras en que un pasaje se aplica a tu realidad (incluyendo tu corazón, mente, afectos, voluntad, relaciones y propósito), y luego ora pidiéndole ayuda al Señor para aplicar su Palabra fielmente de estas maneras. Al orar, ten la certeza de que Dios quiere ayudarte en este paso y promete hacerlo si tan solo se lo pides.

Al mismo tiempo, no te centres solo en ti. Piensa en los demás y pregúntate: *¿Cómo puedo orar por estas mismas cosas para los demás?* Al meditar en la Palabra, deja que ella alimente tus oraciones por tu familia, tu familia de la iglesia, tus amigos y otras personas del mundo. Y, de nuevo, ora con confianza en el Dios que quiere obrar en los demás según su Palabra. Moisés es un ejemplo poderoso de cómo orar por los demás usando las Escrituras. Cuando el pueblo de Dios corría peligro de ser destruido por el juicio divino debido a su pecado, Moisés intercedió por ellos, diciéndole a Dios:

«¿Por qué han de hablar los egipcios, diciendo: "Con malas *intenciones* los ha sacado, para matarlos en los montes y para exterminarlos de la superficie de la tierra"? Vuélvete del ardor de Tu ira, y desiste de *hacer* daño a Tu pueblo. Acuérdate de Abraham, de Isaac y de Israel, Tus siervos, a quienes juraste por Ti mismo, y les dijiste: "Yo multiplicaré la descendencia de ustedes como las estrellas del cielo, y toda esta tierra de la cual he hablado, daré a sus descendientes, y ellos *la* heredarán para siempre"». (Éxodo 32:12-13)

Esa es una oración bastante audaz, ¿cierto? Moisés le dice al Dios omnisciente que «se acuerde» que él siempre cumple sus promesas.

Sin embargo, Dios se deleita en la oración de Moisés para que sea fiel a su Palabra: «Y el Señor desistió de *hacer* el daño que había dicho que haría a Su pueblo» (v. 14).

¡Qué imagen tan increíble de Moisés, y qué tremenda promesa de Jesús para cada uno de nosotros! Cuando tú y yo nos aferramos a sus promesas y oramos conforme a la Palabra de Dios, él actúa en el mundo.

4. ¿Cómo me lleva este pasaje a RENDIRME a Dios?

Jesús nos enseña a orar para que se haga la voluntad del Padre en nuestra vida, y nos revela esa voluntad en su Palabra. Por lo tanto, una vez que hayamos meditado, memorizado y aplicado la Palabra de Dios, debemos orar exactamente como lo hizo Jesús:

> «No se haga Mi voluntad, sino la Tuya». (Lucas 22:42)

En el capítulo donde aprendimos cómo NO estudiar la Biblia, vimos que incluso antes de abrirla para meditar en ella, debemos orar: *Dios, todo lo que dices en tu Palabra lo creeré y obedeceré, sin importar lo que eso signifique para mí mientras estoy en este mundo.* Ahora, antes de cerrarla, debemos expresar una oración similar: *Dios, después que he conocido tu voluntad por medio de tu Palabra, quiero vivir en ella. Por favor, ayúdame a creer y hacer todo lo que me llamas a creer y hacer a través de ella.*

CONVERSA CON DIOS

Como hemos visto, este tercer paso en el estudio de la Palabra de Dios —pedir en oración— es vital para experimentar intimidad con él. Ni la oración ni el estudio bíblico son un camino de un solo sentido. Al estudiar la Biblia, escuchamos a Dios al pasar tiempo con él, y esto, de forma natural (o, mejor dicho, *sobrenatural*), nos lleva a expresarle lo que hay en nuestro interior. Pero no olvidemos de quién estamos hablando: del Dios que hizo toda la creación con su palabra; el Dios que hace salir el sol y llama a las estrellas por su nombre; el Dios ante quien tiemblan las montañas y rugen los mares; el Dios que gobierna y reina sobre todas las cosas en todas partes. *Este Dios* quiere hablar contigo *y* escucharte. Más aún, él te garantiza que te dará lo que le pides cuando lo haces conforme a su Palabra.

ORACIÓN

Dios, por favor, ayúdame a orar con la confianza de que actuarás en el mundo cuando mi oración sea conforme a tu Palabra.

PREGUNTAS INTERACTIVAS

¿De qué maneras la guía ORAR —**O**frece alabanza, **R**econoce/Renuncia a tus pecados, **A**nímate a pedir, **R**índete a su voluntad— puede interactuar y enriquecer los dos primeros pasos del enfoque MAPA (Medita/Memoriza y Aplica) al leer las Escrituras?

____

____

____

____

____

Tomemos el pasaje que vimos en el capítulo 5 y apliquemos las cuatro preguntas de este capítulo a ese mismo texto.

«Ustedes son la luz del mundo. Una ciudad situada sobre un monte no se puede ocultar; ni se enciende una lámpara y se pone debajo de una vasija, sino sobre el candelero, y alumbra a todos los que están en la casa. Así brille la luz de ustedes delante de los hombres, para que vean sus buenas acciones y glorifiquen a su Padre que está en los cielos». (Mateo 5:14-16)

Cómo me lleva este pasaje a:

- Ofrecer alabanza a Dios.
- Reconocer mi pecado y renunciar a él.
- Animarme a pedir por mi vida y por la vida de los demás.
- Rendirme a su voluntad.

¿Cómo podría cambiar tu vida el hecho de comprender que Dios quiere hablarte y escucharte?

____

____

____

____

____

CAPÍTULO 7

Anuncia su Palabra

Ahora bien, antes de sumergirnos en nuestro cuarto y último paso del estudio de la Biblia, te animo a considerar seriamente incluir una práctica específica en los tres pasos que ya examinamos. Es una práctica que me ha resultado muy útil y creo que podría ser muy efectiva también para ti, no solo en los tres pasos del estudio bíblico que ya hemos visto (MAP), sino también en este último paso (A).

LLEVA UN DIARIO

La práctica de llevar un diario simplemente implica anotar las meditaciones, aplicaciones y oraciones que realizas basadas en la Palabra de Dios. Pero debe quedar muy claro que, en ningún momento en la Biblia, Dios nos dice que llevemos un diario, así que esto no se trata de obediencia o desobediencia a Dios: es solamente una sugerencia.

Al mismo tiempo, hablando desde mi experiencia personal, un mentor me animó a empezar a llevar un diario de oración cuando yo era joven. No puedo decir que lo haya hecho todos los días desde entonces, pero sí puedo afirmar, sin dudarlo, que los momentos en que experimenté una intimidad más profunda en mi relación con Dios se han correspondido directamente con los momentos en que escribí.

En algún instante, o en varias ocasiones a lo largo del día, siéntate a solas con Dios y escribe algunas oraciones y reflexiones basadas en el día anterior. Luego, abre la Biblia y sigue los pasos que ya hemos visto para estudiarla: Medita/Memoriza, Aplica y Pide en oración. Mientras lo haces, escribe algunas de tus reflexiones o los versículos que estás aprendiendo de memoria.

Después, registra las diferentes maneras en que el texto bíblico se aplica a tu experiencia cotidiana. A lo largo del camino, escribe tus cuatro tipos de oraciones diferentes: alabanza, arrepentimiento, petición y entrega, según lo que veas en las Escrituras.

No tiene por qué ser algo largo ni complicado; ni siquiera necesitas que sea elaborado. Puedes nada más escribirlo a mano en una hoja de papel o tal vez en tu dispositivo. Si nunca lo has intentado, te animo a que lo hagas y veas si te ayuda a experimentar una mayor intimidad con Dios en este camino que hemos trazado a través de nuestro acróstico MAPA. Eso también te preparará mejor para el paso final: Anunciar su Palabra.

ANUNCIA LAS BUENAS NOTICIAS

¿Recuerdas el mandato de despedida de Jesús en el Evangelio de Mateo, que leímos hace un par de capítulos? Observa con atención el punto clave de este mandato de Jesús, donde les dice a sus seguidores que les enseñen a otros a observar todo lo que él les ha ordenado.

> «Vayan, pues, y hagan discípulos de todas las naciones, bautizándolos en el nombre del Padre y del Hijo y del Espíritu Santo, enseñándoles a guardar todo lo que les he mandado; y ¡recuerden! Yo estoy con ustedes todos los días, hasta el fin del mundo». (Mateo 28:19-20)

En cuanto leemos el término «enseñándoles», muchos pensamos inmediatamente: *Como no soy predicador o no tengo el don de enseñar la Biblia, esto no es para mí.* Y sí, la Biblia se refiere a los dones y llamados relacionados con la enseñanza de la Palabra, pero esa no es la única manera en que habla de cómo el pueblo de Dios la transmite de unos a otros.

A continuación, lee lo que Dios le dice a *todo* su pueblo (no solo a quienes tienen el don de predicar o enseñar):

> «Estas palabras que yo te mando hoy, estarán sobre tu corazón. Las enseñarás diligentemente

> a tus hijos, y hablarás de ellas cuando te sientes en tu casa y cuando andes por el camino, cuando te acuestes y cuando te levantes. Las atarás como una señal a tu mano, y serán por insignias entre tus ojos. Las escribirás en los postes de tu casa y en tus puertas». (Deuteronomio 6:6-9)

Estas instrucciones de Dios en el Antiguo Testamento sientan las bases para las que Jesús nos dio en el Nuevo Testamento. Él nos dice a cada uno de nosotros, al darlo a conocer —recuerda, ¡este es el propósito de nuestra vida como cristianos!—, que anunciemos constantemente la Palabra de Dios a otros de una manera que los ayude a conocerla y obedecerla.

¿ERES UN RECEPTOR O UN REPRODUCTOR?

Este mandato de Jesús, que constituye el propósito de nuestra existencia, significa que lo que vemos en la Palabra de Dios no debe detenerse en nosotros, sino que debe propagarse *a través* de nosotros. Por eso, a menudo les hago esta pregunta a los seguidores de Jesús: «¿Eres un receptor o un reproductor de la Palabra?».

La ilustración que siempre me viene a la mente es la de un grupo de hermanos y hermanas perseguidos con los cuales pasé un tiempo en Sudán. Recuerdo que un día caminamos hacia una choza con techo de paja acompañados por un pequeño grupo de líderes de la iglesia sudanesa, y allí nos sentamos a estudiar juntos las Escrituras. En cuanto empezamos, me di cuenta de que cada uno de ellos escribía todo lo que conversábamos. Después se acercaron y me dijeron: «Vamos a tomar todo lo que hemos aprendido de la Palabra, traducirlo a nuestros idiomas y compartirlo con nuestras respectivas tribus». Como puedes ver, ellos no solo escuchan para *recibir*; escuchan para *reproducir*.

¿Y tú? Creo que la mayoría de nosotros, en el mejor de los casos, tendemos a detenernos en recibir la Palabra de Dios. Incluso si deseamos aprenderla, la tendencia sigue siendo recibir con una mentalidad egocéntrica que se pregunta: *¿Qué puedo obtener de ella?* Sin embargo, el segundo mandamiento más importante es amar al prójimo como a nosotros mismos. Eso significa que necesitamos replantearnos esta interrogante —y toda nuestra mentalidad— para preguntarnos: *¿Qué puedo obtener de las Sagradas Escrituras y cómo puedo transmitir eso a los demás?*

Para relacionar esto con el diario, si en realidad deseamos anunciarles a otros lo que vemos en la Palabra de Dios, probablemente sería beneficioso anotar esas reflexiones. Queremos aprender todo lo que podamos porque no somos los únicos que necesitamos la Palabra; otros también la necesitan.

CUANDO LA ANUNCIAS, SE MULTIPLICA EN OTROS

De esta manera es como la Biblia se difunde por todo el mundo, o sea, cuando los seguidores de Jesús comparten con los demás lo que van aprendiendo. Así que, antes de terminar tu tiempo de estudio bíblico, te animo a preguntarte: *¿A quién quiere Dios que le anuncie lo que he visto en su Palabra?*

Algunas preguntas más específicas podrían ser:

1. ¿Qué hermanos en la fe se sentirían animados por lo que he visto en la Palabra de Dios?
2. ¿Cómo podría contar lo que estoy aprendiendo a un familiar, amigo, compañero de trabajo o de clase, conocido o desconocido no cristiano para guiarlos a una relación con Dios?
3. ¿Cómo debería hablar con cualquiera de ellos? ¿En persona? ¿Por videollamada? ¿Por correo electrónico? ¿Quizás por WhatsApp? ¿Tal vez por medio de las redes sociales?
4. ¿Qué espacio podría generar para conversar de la Palabra con alguien? ¿En qué momento debería llevarlo a cabo?

Al hacerte estas preguntas, el Espíritu Santo podría guiarte a la comunicación con alguien de inmediato, o podrías planear reunirte con esa persona en un tiempo específico más adelante. En cualquier caso, sé receptivo a cualquier oportunidad que Dios te brinde a lo largo del día para comunicar lo que te ha dicho en su Palabra.

Para usar las palabras de Dios en Deuteronomio 6:7, habla de las Escrituras al sentarte, caminar, acostarte y levantarte. A lo largo del día, deja que *tus* palabras se saturen de *su* Palabra. En el proceso, descubrirás el gozo de no solo vivir una nueva intimidad con Dios en tu propia vida, sino también de guiar a otros a esta maravillosa experiencia.

ORACIÓN

Dios, por favor, ayúdame a transmitir tu Palabra fielmente para que otros puedan experimentar lo que es la intimidad contigo.

PREGUNTAS INTERACTIVAS

¿Alguna vez has llevado algún tipo de diario, ya sea espiritual o de otro tipo? ¿Qué beneficios experimentaste?

___

___

___

___

¿De qué maneras imaginas que escribir pensamientos, oraciones, versículos y aplicaciones de las Escrituras podría ayudarte en tu relación con Dios?

___

___

___

___

¿Alguna vez tuviste una experiencia en la que tu conocimiento o comprensión de la Palabra de Dios te dio la oportunidad de enseñar o animar a alguien?

____

____

____

____

Considera cambiar tu enfoque de «¿Qué puedo obtener de la Palabra de Dios para mí?» al siguiente: «¿Qué puedo obtener *para* compartir con los demás?» ¿Cómo podría este acto de pasar de receptor a reproductor energizar y animar tu fe?

____

____

____

____

¿Cómo te sientes ante la idea de que Dios pueda obrar a través de ti para bendecir a otros, como instruye Deuteronomio 6, es decir, hablando de su Palabra al sentarte, caminar, acostarte y levantarte?

CONCLUSIÓN

Un amor por el que vale la pena vivir

La Palabra de Dios es un regalo que nunca debemos dar por sentado. Como hemos visto, nos abre la puerta para poder experimentar intimidad en una relación de amor con Dios mismo. Sin embargo, esto es posible solo porque él se ha encargado de preservar y transmitir las Escrituras a lo largo de la historia a través de personas que amaron a Dios y a sus hijos lo suficiente como para traducirla con el fin de que podamos leerla y entenderla. Ahora bien, aquellos que tenemos la Biblia en nuestro idioma, ¿nos hemos detenido a pensar alguna vez en los sacrificios que esas personas hicieron para que la Palabra llegara a nosotros?

Todo comenzó con los autores humanos de la Biblia, cada uno de ellos inspirado por el Espíritu Santo, muchos de los cuales pagaron un alto precio para dejar registro y luego difundir la Palabra. Además de estos escritores, cada vez que alguien ha traducido las Escrituras originales a otro idioma (lo repito, a menudo con un alto costo), ha entregado un regalo que transforma eternamente a quienes hablan ese idioma, pues se les ha abierto la puerta para experimentar intimidad con Dios.

Por ejemplo, alrededor del año 400 D. C., un hombre llamado Jerónimo tradujo la Biblia del hebreo y el griego al latín, poniéndola así a disposición de más personas para su lectura y estudio. Casi mil años después de la traducción al latín de Jerónimo, un hombre llamado John Wycliffe la tradujo al inglés. Wycliffe fue acusado de herejía y sufrió persecución por su compromiso de hacer que la Biblia estuviera disponible en el idioma del pueblo.

Poco más de un siglo después, William Tyndale superó los esfuerzos de Wycliffe al realizar una traducción al inglés, no solo del latín, sino también del hebreo y el griego originales. Tyndale pretendía traducir toda la Biblia, pero nunca terminó el Antiguo Testamento, porque fue quemado en 1536 por su trabajo de traducción. Su compañero, John Rogers, terminó la tarea que Tyndale había comenzado con el Antiguo Testamento, tras lo cual Rogers también fue quemado vivo.

Cuando tú y yo vemos una Biblia en nuestro idioma, estamos contemplando el trabajo de personas que sacrificaron su vida para escribirla primero. En el centro de todo esto vemos a Jesús, quien vino como la Palabra de Dios encarnada (Juan 1:14) y derramó su sangre por nuestra salvación. Luego vemos a quienes lo siguieron, incluyendo a muchos que también derramaron su sangre para que tuviéramos la Biblia en nuestras manos.

Me interesa enfatizar esta historia por dos razones. Primera y principal, porque nunca debemos subestimar el tesoro que poseemos en la Palabra. Es una tragedia que en países que han tenido Biblias durante muchos años, e innumerables personas con múltiples copias del libro, tantos cristianos descuiden su lectura y las dejen acumulando polvo en los estantes o sirviendo como posavasos en las mesas. Este no es el propósito por el que murieron nuestros hermanos y hermanas en Cristo antes que nosotros, y ciertamente no es la razón por la que Jesús dio su vida.

Gracias a la muerte de Jesús en la cruz y su resurrección de entre los muertos, tú y yo tenemos una invitación abierta de Dios, cuando queramos, a experimentar intimidad con él a través de su Palabra. Gritemos «¡sí!» a esa invitación cada mañana y cada noche, meditando en la Palabra de Dios, memorizándola, aplicándola a la realidad cotidiana, orando conforme a ella y compartiéndola con los demás.

Por otra parte, existen más de siete mil idiomas en el mundo, pero como la Biblia no ha sido traducida a muchos de ellos todavía, millones de personas no pueden leerla. Además, muchas otras solo tienen acceso a partes de las Escrituras. Esta es una realidad que nos hace reflexionar, pero aquí está la buena noticia: en nuestra generación, tenemos la oportunidad de traducir la Biblia a todos y cada uno de esos idiomas restantes. Gracias a diversos factores, incluyendo avances tecnológicos singulares y una cooperación y colaboración sin precedentes entre los traductores de la Biblia a través de un esfuerzo conocido como illumi*Nations*,[4] es posible que casi todos los habitantes de la tierra tengan una copia de la Palabra divina en su propio idioma en las próximas décadas.

¿Te das cuenta del tiempo en que estamos viviendo? Después de dos mil años de historia del cristianismo, durante los cuales muchas personas dieron su vida por difundir las Escrituras a diferentes grupos lingüísticos, tú y yo podríamos ser la generación del pueblo de Dios que realmente complete esta tarea. Así que hagamos esto que te relaciono a continuación:

---

4. Ver https://illuminations.bible/.

1. En nuestra propia vida, *meditemos* en la Palabra de Dios y *memoricémosla.*
2. *Apliquemos* su Palabra a cada aspecto de nuestro ser.
3. *Pidamos* usando la Palabra de Dios, con una fe firme en que Dios nos concederá lo que pidamos.
4. *Anunciemos* la Palabra de Dios a quienes nos rodean y a personas de todo el mundo.

Amemos a cada nación, tribu y grupo étnico lo suficiente como para orar con pasión por esta causa, dar con sacrificio y generosidad, y entregarnos para que personas de todos los idiomas del mundo puedan experimentar intimidad en una relación de amor con Dios a través de su Palabra.

ORACIÓN

Dios, por favor, ayúdame a hacer mi parte, cueste lo que cueste, para difundir tu Palabra en mi comunidad y en cada nación.

PREGUNTAS INTERACTIVAS

¿Qué sientes al escuchar sobre los sacrificios de quienes han traducido (y aún traducen) la Biblia a otros idiomas? ¿Cómo cambia este conocimiento tu perspectiva de las Escrituras?

___

___

___

¿De qué manera el contenido de este libro ha cambiado tu perspectiva de la Palabra de Dios? ¿Y cuál es la mayor lección que has aprendido al abordar las Escrituras usando el acróstico MAPA (Meditar/Memorizar, Aplicar, Pedir, Anunciar)?

___

___

___

¿Cómo podría Dios obrar en tu vida y a través de ti en la vida de otros si te comprometes con el nivel de interacción con las Escrituras que se describe en este libro?

____

____

____

____

¿Qué tipo de compromiso sientes que Dios te está llamando a asumir ahora mismo?

____

____

____

____

____

____

APÉNDICE

Consejos prácticos para leer diferentes partes de la Biblia

Siempre que viajas a un país diferente al tuyo, es importante conocer de antemano las costumbres del lugar. En algunos países, los amigos se saludan estrechándose la mano con fuerza, y en otros simplemente dándose la mano. En algunos territorios, las personas se saludan con un beso en la mejilla o en las dos mejillas, o en ocasiones en ambas mejillas varias veces.

Del mismo modo, las costumbres de las personas cuando comen o beben pueden variar. Se puede comer con tenedores y cuchillos, palillos o con las manos. Algunos comen solo con la mano derecha y nunca utilizan la izquierda, porque esta se considera impura. Recuerdo haber pasado una larga noche en Oriente Medio porque no entendía cómo era la costumbre de sus habitantes en cuanto a rechazar las tazas de café que me ofrecían. ¡Tomé tanta cafeína que estuve despierto durante días!

Comparto estos ejemplos porque considero que estudiar diferentes partes de la Biblia es como viajar a distintos países. La forma en que las narraciones comunican significado en el Antiguo Testamento es muy diferente a la forma en que las cartas lo hacen en el Nuevo. Las visiones proféticas son un género muy distinto a los relatos evangélicos. Basta con pensar en las diferencias entre una canción de amor como Cantar de los Cantares y la literatura escatológica como Apocalipsis. De ahí que resulte crucial reconocer esos diferentes géneros para comprenderlos correctamente.

Por eso, te presento este apéndice con la finalidad de brindarte algunos consejos prácticos para leer diferentes partes de la Biblia. Espero que este breve recurso te sea de mucha utilidad al meditar en la Palabra de Dios, partiendo de la base de que el texto bíblico suele clasificarse en diez categorías que facilitarán tu comprensión. Estas categorías son las siguientes:

1. Narrativa
2. Ley
3. Poesía
4. Profecía
5. Literatura sapiencial
6. Evangelios
7. Parábolas
8. Hechos
9. Cartas
10. Apocalipsis

NARRATIVA

Más del cuarenta por ciento del Antiguo Testamento está compuesto por narraciones de hechos, por lo cual la narración es el tipo de literatura más común en la Biblia. Esencialmente, este género incluye todo lo que se clasificaría como historia en el Antiguo Testamento. Pero ten en cuenta que las historias del Nuevo Testamento, incluyendo los Evangelios y los Hechos, los abordaremos como un género diferente.

Entonces, aquí te relaciono algunos consejos para meditar sobre las narrativas del Antiguo Testamento:

- Presta atención a todos los elementos de la historia: el narrador, la escena, los personajes, la trama y el uso del diálogo. Busca especialmente el conflicto y la resolución de la historia.
- Intenta comprender el contexto histórico de lo que lees tanto como te sea posible. Ponte en el lugar del autor. Además, trata de ver la historia desde la perspectiva de sus personajes.
- Piensa en los diferentes niveles de la historia en la narración. ¿Qué está sucediendo a nivel de la historia *individual* (las personas

involucradas)? ¿Qué está sucediendo a nivel de la historia *nacional* (el panorama general de lo que Dios está haciendo entre el pueblo de Israel)? ¿Qué está sucediendo a nivel de la historia *redentora* (el panorama general de lo que Dios está haciendo en toda la Biblia)?

- Intenta identificar lo positivo o negativo de la historia basándote en los mandatos de Dios en el resto de las Escrituras. Recuerda que el hecho de que alguien en la Biblia, incluso alguien que podríamos clasificar como una «buena persona», realice una acción, no significa que esta haya sido correcta o sabia.
- Ten cuidado de no limitar la historia a solo la moraleja, lo que significa simplemente buscar las lecciones morales de qué hacer o no hacer. Si bien las historias del Antiguo Testamento tienen mucho que enseñarnos sobre cómo es la obediencia o la desobediencia a Dios, no pasemos por alto algo fundamental: lo que la historia nos enseña sobre quién es Dios, quiénes somos nosotros

y por qué necesitamos a Jesús (no solo cómo tenemos que ser mejores personas).

- Evita los intentos demasiado especulativos de encontrar símbolos o significados ocultos detrás de cada detalle de la historia (a menos que la Biblia indique explícitamente una interpretación específica).
- Sé cuidadoso en no seleccionar solo las partes de la historia que te gustan, ya que esto puede impedirte ver cada parte de la historia como importante.
- No te centres demasiado en lo humano, focalizando las acciones y atributos de las personas en la historia, de modo que pierdas de vista a Dios como el actor principal y el héroe final de la historia.
- Presta atención a las verdades que las historias del Antiguo Testamento enseñan e ilustran. La literatura narrativa a menudo refuerza y refleja la enseñanza explícita de otras partes de las Escrituras, brindándonos ejemplos reales de doctrinas y mandamientos que aprendemos en la Palabra de Dios.

LEY

El término «ley» puede referirse a múltiples cosas, incluyendo los primeros cinco libros del Antiguo Testamento, aunque gran parte del material de estos libros se clasifica como narrativo. Las Escrituras también usan la palabra ley para referirse a todo el sistema religioso revelado por Dios en su pacto con Moisés, incluyendo más de seiscientas leyes que allí se especifican. Muchas veces nos cuesta entender cómo estas leyes del Antiguo Testamento nos podrían ayudar a experimentar una intimidad con Dios. Espero que los siguientes consejos te sirvan para alcanzar un mejor entendimiento:

- Observa tres tipos de leyes: (1) leyes ceremoniales que rigen aspectos como los sacrificios, los rituales del templo y las festividades anuales; (2) leyes civiles que rigen la vida civil, judicial y política de Israel; y (3) leyes morales que reflejan la voluntad divina para su pueblo a lo largo de los tiempos, como «no mentir» o «no codiciar».

- Ten en cuenta que las leyes del *Antiguo* Testamento no son *nuestras* leyes testamentarias. La palabra «testamento» es otro término que se usa para *pacto*. El Antiguo Testamento gira en torno al antiguo pacto que Dios hizo con su pueblo, Israel. Sin embargo, Dios establece un nuevo y mejor pacto a través de Jesús en el Nuevo Testamento, tanto para los judíos como para los gentiles que depositaron su fe en él.
- Recuerda que la diferencia entre el Antiguo Testamento y el Nuevo Testamento significa que tú y yo debemos ver las leyes del Antiguo Testamento como la Palabra inspirada de Dios *para* nosotros, y no como mandatos directos de Dios *a* nosotros. Dios nos llama a obedecer los mandamientos que describe en el Nuevo Testamento o nuevo pacto.

- No olvides esta regla general: a menos que una ley del Antiguo Testamento se reformule o refuerce de alguna manera en el Nuevo, ya no nos resulta directamente vinculante como su pueblo en la actualidad. No obstante, eso no significa que no podamos aprender mucho de la ley del Antiguo Testamento.
- Explora el carácter de Dios en su ley. Busca demostraciones de su santidad, justicia, misericordia y amor en las leyes que nos ofrece.
- Considera la ley divina como un regalo, no como una limitación. Piensa en todas las formas en que sus leyes brindan libertad, orden, protección y bien al pueblo de Dios en el Antiguo Testamento. Además, ten en cuenta que la ley divina nunca tuvo la intención de ser una forma de alcanzar la salvación; más bien, su propósito era exponer el pecado de las personas y, en última instancia, guiarnos a todos hacia Jesús.

POESÍA

La poesía predomina en el libro de Salmos, pero también está presente en otros libros, incluyendo partes de Proverbios, Cantares, Lamentaciones y algunos libros proféticos. La literatura poética es extremadamente diferente de la narrativa o la ley. Ahora ten en cuenta estos consejos para captar la belleza de la poesía inspirada por el Espíritu:

- Disminuye la velocidad al leer estos poemas, haciendo pausas entre los diferentes versos para poder absorber el significado de cada frase.
- Identifica los diferentes tipos de salmos, incluyendo salmos de lamento, de acción de gracias, himnos de alabanza, salmos de sabiduría, salmos reales (centrados en el rey de Israel), salmos imprecatorios (que piden juicio sobre los enemigos de Dios) y los de arrepentimiento. Muchos salmos individuales contienen una combinación de estos tipos.

- Presta especial atención al paralelismo, una estructura común en la poesía hebrea en la que dos o más versos relacionados se agrupan. En el *paralelismo sinónimo*, el segundo verso repite la misma idea que el primero utilizando diferentes palabras y expresiones. En el *paralelismo antitético*, el segundo verso contrasta con la idea expresada en el primero. En el *paralelismo sintético*, el segundo verso amplía o desarrolla la idea del primero.
- Busca otras figuras retóricas en la poesía que ayuden a transmitir significado, como símiles, metáforas, analogías, comparaciones, contrastes, personificación, hipérbole e imágenes figurativas.
- Aprecia la humildad y la sinceridad expresadas en estos poemas, especialmente cuando el autor ofrece un lamento por el pecado y el sufrimiento en el mundo.
- En relación con lo anterior, intenta sentir las emociones del autor. Permite que ellas resuenen con tu propia experiencia.

- Dado que muchos de los salmos son oraciones a Dios, dedica tiempo a decirlos palabra por palabra en tu tiempo con Dios.

PROFECÍA

En las Escrituras hay más libros individuales de la Biblia clasificados como profecía que de cualquier otro género. De hecho, los libros proféticos tienen aproximadamente la misma extensión de la Biblia que todo el Nuevo Testamento. A su vez, estos libros constituyen algunas de las partes más difíciles de entender de la Palabra. Sin embargo, no debes temer: el mismo Espíritu Santo que habló a través de estos profetas hace siglos está contigo ahora para ayudarte a comprenderlos. Además, a continuación te relaciono estos consejos y espero que te ayuden en el proceso:

- Ten en cuenta que la profecía no solo incluye las predicciones para el futuro; es mucho más. Los profetas del Antiguo Testamento transmitieron la Palabra de Dios a su pueblo, a menudo señalando su necesidad de arrepentirse o diciéndole lo que Dios quería que hicieran en cada situación.

- Considera el contexto de cada profeta. Recuerda que los profetas hablaron en diferentes momentos de la narrativa del Antiguo Testamento, así que presta atención al estado del pueblo de Dios cuando un profeta en particular habla y ponte en los zapatos del pueblo original que escuchó la profecía.
- Piensa en términos de oráculos. Así como pensamos en términos de párrafos al leer las cartas del Nuevo Testamento, considera los oráculos, es decir, las profecías específicas de este género en el Antiguo Testamento.
- Analiza cada oráculo individualmente. Los libros proféticos no deben leerse como una sola unidad que tenga el mismo contexto, sino como un conjunto de oráculos pronunciados en diferentes momentos.

- Busca tres puntos principales en cada oráculo:
  1. El pueblo de Dios ha roto su pacto con él —generalmente por idolatría, inmoralidad, injusticia o ritualismo religioso, y a veces por todos estos pecados juntos— y necesita arrepentirse.
  2. El pueblo no se arrepiente, entonces vendrá el juicio divino.
  3. El pueblo de Dios recibe un mensaje de esperanza, más allá del juicio, de una restauración futura.
- Intenta identificar el tema principal después de leer un oráculo en particular, o posiblemente varios puntos o temas.
- Distingue entre profecías condicionales, que pueden o no cumplirse según las estipulaciones divinas, y profecías incondicionales, que se cumplirán pase lo que pase.
- Determina si la profecía ya se ha cumplido o no en la historia; date cuenta de que la mayoría de ellas se han cumplido. Si bien

algunas profecías del Antiguo Testamento pueden presagiar el juicio final y la restauración de Dios, solo un pequeño porcentaje de ellas se aplica directamente a la era del nuevo pacto, y un porcentaje aún menor a la segunda venida de Jesús y lo que ocurrirá después.

LITERATURA SAPIENCIAL

La literatura sapiencial de la Biblia, o relativa a la sabiduría, incluye principalmente los libros de Proverbios, Job, Eclesiastés, Cantares y algunos salmos. Aunque estos libros pertenecen al mismo género bíblico, tienen estilos literarios muy distintos. Aquí puedes leer algunos consejos para crecer en sabiduría a través de ellos:

- Recuerda que el objetivo de esta clase de literatura es aplicar la ley de Dios de manera cotidiana. Por lo tanto, observa cómo estos libros nos ayudan a alcanzar las metas correctas, evitar obstáculos y superar dificultades.

- Ten en cuenta que los libros sapienciales no son colecciones de promesas universales. En cambio, contienen ideas, pautas para desarrollar el carácter y una vida buena y temerosa del Señor.
- Analiza los proverbios y los dichos individualmente y en su conjunto. En otras palabras, tómate un tiempo para meditar en el significado de cada versículo. Luego, detente un momento y busca los temas y aspectos más destacados en el conjunto.
- Presta atención a las figuras retóricas y dedica tiempo a comprender el contexto cultural o histórico de los diferentes dichos.
- Interpreta esta literatura en el contexto de toda la Palabra de Dios, asegurándote de no sacar conclusiones que contradigan otras enseñanzas bíblicas más claras. En definitiva, observa cómo la literatura sapiencial nos señala a Jesús como la sabiduría de lo alto y Aquel que vive en ti.

EVANGELIOS

En la Biblia tenemos cuatro Evangelios, o relatos distintos de la vida, muerte, resurrección y enseñanzas de Jesús: Mateo, Marcos, Lucas y Juan. Si bien cada Evangelio se centra en el mismo tema, los autores escriben con sus propios estilos y énfasis. Ellos organizan su material de manera diferente y tienen distintos públicos en mente. A continuación, te presento estos consejos para que los tengas en cuenta al leer los Evangelios, ya sea de forma individual o colectivamente:

- Procura comprender las enseñanzas y acciones de Jesús sobre la base de su contexto histórico y cultural.
- Ten en cuenta que ningún evangelista registró todo lo que sabía acerca de Jesús. Cada escritor fue selectivo al elegir lo que incluía o no según su público y propósito, así que piensa en el motivo por el que ciertos evangelistas decidieron incluir partes específicas de la historia de Jesús.

- Piensa en el hecho de que cada uno seleccionó su material de origen de manera diferente. Entonces, al leer, toma nota de esas diferencias y considera por qué cada escritor organizó las historias y enseñanzas de cierta manera para destacar puntos específicos.
- Presta mucha atención a los vínculos entre las historias sobre Jesús y sus enseñanzas. Observa cómo se reflejan y refuerzan mutuamente.
- Busca formas literarias especiales en los Evangelios, como la exageración, la ironía y las preguntas retóricas.
- Observa las diferentes maneras en que los Evangelios presentan a Jesús como el clímax al que apuntaba todo el Antiguo Testamento.

PARÁBOLAS

Las parábolas eran la forma más común de enseñanza de Jesús. Muchas personas de las multitudes que lo rodeaban no las entendían, y a lo largo de la historia cristiana se han propuesto algunas interpretaciones fantasiosas. Por eso, te relaciono estos consejos para que te asegures de comprender estas parábolas con precisión y puedas aplicar sus enseñanzas fielmente:

- Lee la parábola repetidamente desde la perspectiva de quienes la escucharon por primera vez. ¿Qué les habría llamado la atención al escucharla? ¿Qué les habría impactado, desafiado, animado o convencido? ¿Cómo la habrían entendido y cómo la habrían rechazado?
- Detente en la interpretación que da Jesús de cada parábola. Recuerda que su interpretación es lo que significa la parábola, y punto. No intentes deducir nada más.
- Trata de detectar el punto principal de las parábolas, ya que estas suelen tenerlo. En algunos casos, puede haber uno o dos puntos adicionales que correspondan a personajes o eventos específicos de la parábola.

- No caigas en la tentación de interpretar diferentes significados en los detalles de una parábola. En cambio, concéntrate en la visión general de la misma y observa cómo los detalles la realzan o enriquecen.

HECHOS

El libro de los Hechos contiene la historia de la iglesia en el Nuevo Testamento. A menudo se le llama también «Los Hechos de los apóstoles» o «Los Hechos del Espíritu Santo». Ambos calificativos son muy acertados, pues el libro relata todo lo que Jesús continuó haciendo en la tierra a través de su Espíritu Santo en los apóstoles después de que él ascendiera al cielo. Este libro de la Biblia es muy instructivo y alentador para la iglesia en la actualidad, aunque sería conveniente que siguieras consejos como los siguientes para comprender y aplicar correctamente su significado:

- En Hechos 1:8, Jesús les dijo a sus seguidores: «Pero recibirán poder cuando el Espíritu Santo venga sobre ustedes; y serán Mis testigos en Jerusalén, en toda Judea y Samaria, y hasta los confines de la tierra». Observa la estructura geográfica del libro, basada en este pasaje, a medida que el evangelio se extiende de Jerusalén (Hechos 1–7) a Judea y Samaria (Hechos 8–9) y hasta los confines de la tierra (Hechos 10–28).
- Estudia la *descripción* de las acciones de la iglesia en el primer siglo sin asumir que Dios le *prescribe* a la iglesia en cada siglo hacer exactamente lo mismo. A menos que un ejemplo en Hechos coincida con un mandato o enseñanza que se encuentre en otra parte del Nuevo Testamento, ese ejemplo puede ser instructivo para nosotros, pero no es algo que debamos cumplir obligatoriamente.
- Recuerda que, por muy ejemplares que hayan sido los primeros discípulos y líderes de la iglesia, no eran perfectos. Debemos

imitarlos solo en la medida en que ellos imiten a Jesús.

- Busca temas específicos a lo largo del libro de los Hechos: el evangelio, el Espíritu Santo, la iglesia, la oración y la propagación de la Palabra en el mundo.
- Presta atención a los discursos, que abarcan casi un tercio de todo el libro. Ten en cuenta que no todos son relatos textuales, así que piensa en por qué Lucas eligió incluir palabras o partes específicas de estos discursos.
- Anímate, convéncete, desafíate y motívate al considerar cómo estamos llevando a cabo la misión de la iglesia hoy en día con el poder del mismo Espíritu Santo que vimos obrar hace dos mil años.

CARTAS

De los veintisiete libros del Nuevo Testamento, veintiuno son cartas escritas a personas e iglesias.

La mayoría de estas cartas siguen un formato similar: una introducción que identifica al autor y al público; un saludo formal; el cuerpo de la carta; y una oración, exhortación o mandato final. Estas epístolas ofrecen una visión fascinante de las alegrías y las luchas de los seguidores de Jesús en el primer siglo, y están llenas de promesas y mandatos de Dios para nosotros, su pueblo, que vivimos bajo el nuevo pacto. Ahora, lee con detenimiento los siguientes consejos y tenlos en cuenta al estudiar las cartas:

- Comienza por tomar un tiempo para identificar al autor y al público receptor, así como para reconocer el propósito general de la carta que estás leyendo.
- Recuerda que dichas cartas son documentos ocasionales, lo que significa que no fueron escritas como tratados teológicos ni como tesis abstractas, sino como respuestas a situaciones específicas. Son como escuchar una parte de una conversación telefónica, así que intenta visualizar la

otra parte para comprender la intención del autor.

- Lee la carta en su totalidad antes de comenzar a estudiar los diferentes pasajes para comprender cada parte a la luz del conjunto. Considera la utilidad de ir bocetando el flujo de la carta para ver cómo todo encaja.
- Hazte las siguientes preguntas al leer cada párrafo o sección: *¿Qué tema intenta presentar el autor?* y *¿Cómo encaja esto con el propósito general de la carta?*
- Ten presente que, cuando ciertas partes de una carta sean ambiguas o poco claras, debes tener cuidado de no sacar conclusiones que contradigan la enseñanza clara de otras cartas u otras partes de las Escrituras.

APOCALIPSIS

Por último, veamos Apocalipsis, un libro único de la Biblia que combina varios géneros en uno solo. En sus páginas, contiene una serie de visiones apocalípticas llenas de pronunciamientos proféticos escritos en forma de carta congregacional. A lo largo de la historia cristiana, los seguidores de Jesús han formulado cuatro puntos de vista principales sobre la forma correcta de abordar el libro:

- **Preterista:** Todo lo que aparece en el libro de Apocalipsis se cumplió en los primeros siglos del cristianismo.
- **Historicista:** Apocalipsis ofrece un plan para toda la historia, lo que significa que parte de ella ya ha ocurrido, mientras que otras cosas aún están por venir.
- **Futurista:** Todo lo que aparece en Apocalipsis está aún por llegar al final de la historia.
- **Idealista:** Apocalipsis es una representación simbólica del conflicto entre Dios y Satanás a lo largo de la historia de la iglesia.

El debate sobre Apocalipsis gira en torno a la naturaleza y el momento en que tendrán lugar los «mil años» (o el milenio) descritos en Apocalipsis 20. Por supuesto, no pretendo resolver estos debates centenarios en la iglesia, pero espero que los consejos que presento a continuación sean útiles para cualquier cristiano que lea el libro, independientemente de su perspectiva general sobre estas cosas:

- A la luz del hecho de que los cristianos han estado en desacuerdo durante miles de años sobre partes del libro de Apocalipsis, mantén tu interpretación específica con humildad, reconociendo que nuestro conocimiento es imperfecto en esta era y que comprenderemos el libro más plenamente en la era venidera.
- Ponte en el lugar de los cristianos del primer siglo e imagina cómo habrían recibido ellos este libro. Se enfrentaban a amenazas de persecución y tentaciones de comprometer su fe. Por otra parte, Apocalipsis no fue escrito para crear confusión o causar división entre ellos; en cambio, fue concebido para darles esperanza, alentar su santidad,

refutar el engaño en la iglesia y alimentar la misión a las naciones. Así que considera cómo lo que lees en este libro cumple estos propósitos particulares.

- Aunque Apocalipsis predice acontecimientos reales y comunica cosas que son ciertas, a menudo lo hace mediante un lenguaje muy simbólico y figurativo. Al tratar de discernir el significado, asegúrate de considerar el efecto que los símbolos, las imágenes y el lenguaje pretendían tener en la audiencia original.
- Toma nota de los ciclos repetitivos de siete acontecimientos en el libro. Estos ciclos pueden ser diferentes formas de decir lo mismo, o pueden estar describiendo un orden cronológico de acontecimientos.
- Teniendo en cuenta todo lo que no sabemos, o en lo que podemos estar en desacuerdo en relación con Apocalipsis, intenta centrarte en todo lo que sí sabemos y en lo que estamos de acuerdo. En concreto, toma nota de estas verdades que aparecen a lo largo del libro:

- Dios es soberano sobre todas las cosas.
- Satanás está subordinado y su destino ya es seguro.
- Dios vencerá: su evangelio avanzará a través de la iglesia, su Hijo regresará por ella, y su gloria será exaltada en toda la tierra.
- Este mundo está lleno de pecado, maldad y engaño.
- Jesús es el Cordero semejante a un León que pagó el precio por nuestros pecados, comprando para Dios personas de todas las naciones, tribus y lenguas.
- La iglesia está unida a Jesús para siempre como su cuerpo y hermosa novia.
- Nosotros debemos luchar contra el pecado y soportar el sufrimiento mientras damos a conocer a Jesús entre las naciones hasta que él regrese.
- El juicio eterno en el infierno espera a todos los que no confían ni creen en Jesús, y la alegría eterna en el cielo les aguarda a todos los que sí creen en él.

Agradecimientos

Yo no tendría nada bueno si no fuera por la gracia de Dios, y todo lo bueno que hay en este libro constituye una evidencia de esa gracia en muchas personas y a través de ellas.

Por eso, doy gracias a Dios por el equipo de Radical, incluyendo a Chris, Warren, Seth, David y muchos otros que han hecho realidad este proyecto. Que Dios bendiga nuestro trabajo conjunto para difundir su amor a través de su Palabra por todo el mundo.

También agradezco a Dios por mi familia de MBC. Me encanta leer la Palabra con ustedes y oro para acercarnos continuamente a Dios y entre nosotros mientras hacemos discípulos y multiplicamos iglesias en el área metropolitana de Washington, D. C. y en todas las naciones.

Por supuesto, doy gracias a Dios por mi hermosa esposa y mis increíbles hijos. Valoro mucho leer la Palabra de Dios con ustedes y poder animarnos mutuamente con ella, ya sea que estemos de viaje o reunidos para el culto familiar. Oro para que experimenten una intimidad cada vez mayor con Dios a través de su Palabra todos los días de su vida.

Sobre todo, te doy gracias, Dios, por tu Palabra. No puedo vivir sin ella, y te alabo por tenerla conmigo cada mañana. Por favor, ayúdame a ser un siervo fiel y administrador de este don eternamente invaluable que por tu gracia poseo.

Juan 3:30

Acerca del autor

David Platt es el pastor principal de McLean Bible Church y fundador de Radical, una organización que ayuda a las personas a seguir a Jesús y darlo a conocer en su comunidad y en todo el mundo. David obtuvo su licenciatura en la Universidad de Georgia, y además su maestría en Divinidad, maestría en Teología y doctorado en el Seminario Teológico Bautista de Nueva Orleans. Entre sus obras publicadas se incluyen ***Radical***, ***Sígueme***, ***Contracultura***, ***Algo tiene que cambiar*** y ***No te detengas***. Vive en el área metropolitana de Washington, D. C. con su esposa e hijos.